碳配额拍卖机制对我国发电行业传导效应研究

赵洱崇　刘力纬　著

科学出版社

北京

内 容 简 介

本书以我国 2011 年开展的碳交易试点为背景，系统地研究北京、上海、天津、湖北、重庆、广东 6 个试点省市在碳配额由免费分配转向拍卖分配时，对发电行业在电源结构和碳减排成本方面的冲击和影响。本书以前瞻性的视角聚焦于碳配额分配方式并构建了"碳配额拍卖比例—碳排放权影子价格—电源结构—碳减排成本"的传导效应模型，结合 6 个试点省市的应用分析创新性地提出了我国碳交易市场阶梯式发展模式。基于中国应对气候变化的"$1+N$"政策体系形成了碳交易背景下电源结构优化理论，为发电行业从碳配额免费分配机制平稳过渡到有偿拍卖机制提供了量化决策支持。

本书适合从事环境、经济领域工作的人员，气候金融投资者以及研究环境政策的科研人员阅读。

图书在版编目（CIP）数据

碳配额拍卖机制对我国发电行业传导效应研究 / 赵洱崇，刘力纬著. ——北京：科学出版社，2024.12

ISBN 978-7-03-070862-5

Ⅰ. ①碳⋯　Ⅱ. ①赵⋯　②刘⋯　Ⅲ. ①电力工业－二氧化碳－排污交易－研究－中国　Ⅳ. ①F426.61②X511

中国版本图书馆 CIP 数据核字（2021）第 261668 号

责任编辑：李　嘉／责任校对：贾娜娜
责任印制：张　伟／封面设计：有道设计

科学出版社 出版
北京东黄城根北街 16 号
邮政编码：100717
http://www.sciencep.com

北京厚诚则铭印刷科技有限公司印刷
科学出版社发行　各地新华书店经销

*

2024 年 12 月第 一 版　开本：720 × 1000　1/16
2024 年 12 月第一次印刷　印张：12 3/4
字数：257 000

定价：142.00 元
（如有印装质量问题，我社负责调换）

前　　言

自 20 世纪 70 年代起，以全球变暖为主的气候变化问题日益凸显，对人类社会和自然生态系统产生了严重的影响。1997 年 12 月，联合国气候变化框架公约参加国，在日本京都共同制定了《联合国气候变化框架公约的京都议定书》（简称《京都议定书》），提出了"将大气中的温室气体含量稳定在一个适当的水平，进而防止剧烈的气候改变对人类造成伤害"的倡议。《京都议定书》缔约方规定了各国的温室气体排放标准，同时，碳交易（或称碳排放权交易）被当成一种能够进行减排的机制以正式概念提出。此后，各国开始对碳交易市场进行积极探索。2005 年以来，碳交易机制的应用范围越来越广泛，已经由《京都议定书》框架规定范围内的国家扩展至《京都议定书》框架之外的国家。截至 2021 年 1 月 31 日，全球共有 24 个正在运行的碳交易体系，其所处区域的生产总值约占全球生产总值的 54%，人口约占全球人口的 1/3，覆盖了 16% 的温室气体排放。此外，还有 8 个碳交易体系即将开始运营。

中国一直奉行低碳绿色可持续发展理念，力求实现改善大气环境的目标。为了进一步推动碳减排，中国积极探索并推广碳交易制度，旨在通过市场机制激励企业减少排放。在碳交易的实际应用中，中国碳交易市场的建设设定了一个从起步到试点并逐步完善的分阶段工作计划。2011 年，国家发展和改革委员会（简称国家发展改革委）发布《关于开展碳排放权交易试点工作的通知》，正式批准北京、广东、上海、天津、重庆、湖北、深圳七个省市作为国家首批碳排放权交易试点。2014 年，国家发展改革委发布《碳排放权交易管理暂行办法》，确立了全国碳交易市场的总体框架。2017 年 12 月，国家发展改革委发布《全国碳排放权交易市场建设方案（发电行业）》，标志着中国碳排放权交易体系总体设计的完成。2021 年 7 月，基于近十年的试点经验和模拟运行，全国碳交易市场正式启动并开始上线交易。从碳配额分配方式来看，各试点早期主要以无偿分配碳排放权为主。近年来，广东、湖北、深圳三个试点积极探索新模式和新方法，将无偿分配与以拍卖方式进行的有偿分配结合起来。这不仅促进了中国碳交易市场的进一步发展，也引领了其他试点不断向有偿分配进行过渡。

碳交易市场的建设和发展将增加中国企业的运行成本，尤其对发电行业等高碳风险型行业会造成很大的冲击。一方面，中国发电行业的二氧化碳排放量列居各行业之首，是碳交易最主要的参与主体。中国碳交易试点地区都重点将发电行业纳入碳交易体系。近年来，电力需求持续增长导致发电行业二氧化碳排放量仍呈现上升趋势。另一方面，当碳配额免费分配方式逐渐向有偿拍卖分配的趋势发展后，随着碳配额拍卖比例的增加，发电行业购买碳配额将带来成本的上升，其购买碳配额的费用，将会传导至减排主体，造成碳减排成本的上升，行业需要将成本负担传导到电价。在发电行业无法调整电价的情况下，就会给发电行业带来冲击，进而会影响经济主体的减排行为。因此，系统地开展中国碳配额拍卖比例对发电行业的减排成本的传导效应仿真和对策研究是非常必要和紧迫的。

为了科学合理地预测不同碳配额拍卖比例下的碳减排成本，本书构建了碳配额拍卖比例对发电行业减排成本传导效应模型。以复杂系统科学的研究思路，将理论方法研究和实证研究相结合，采用定量与定性相结合的研究方法，从全国和碳交易试点地区两个角度来探讨碳配额拍卖比例对发电行业减排成本的传导与影响，为相关决策者在制定碳配额拍卖比例和有关的碳减排政策时提供了支撑和决策参考。具体体现在以下几个方面。

（1）通过全面、系统的定量研究，构建发电行业在不同碳配额拍卖比例情境下的碳减排成本评估模型，形成适合中国碳交易与发电行业的碳减排成本测算评估的理论方法、碳交易与碳定价理论、碳交易与电源结构优化理论以及区域碳配额拍卖比例的阶梯推进体系。

（2）通过对中国碳配额拍卖比例对发电行业减排成本影响与分析的测算，为中国从配额免费分配机制平稳、顺利地过渡到配额有偿拍卖的分配机制，提供量化决策支持。同时，通过不同碳配额拍卖比例对发电行业减排成本传导效应的评估，保证发电行业的正常运转，减缓碳交易对发电行业的冲击。最后，科学设计碳交易市场配额分配在不同阶段的政策及规定，为实现碳交易的顺利有序推进，提供有力的政策支持。

围绕研究内容和研究目标，本书解决了以下关键问题。

（1）构建碳配额拍卖比例对我国发电行业减排成本的传导效应模型，研究我国发电行业在不同拍卖配额下的减排成本，关键在于如何真实、客观地还原从上层的碳交易制度设计到发电行业减排这一传导链条上的各个节点以及各个节点之间的关系。因此，需要综合考虑数据可获得性和各节点的特点，选择精度高的适合的方法与模型，为后面的计算提供研究基础。

（2）我国碳配额拍卖比例对发电行业减排成本的模拟测算研究。碳交易对我国来说，尚属新鲜事物。依据我国的经济发展数据和我国发电行业的结构，对碳配额拍卖比例与发电行业减排成本的模拟研究，不仅有利于我国碳交易市场配额分配机制的完善、形成适合我国的配额分配机制，同时，对全球碳交易市场配额分配机制的经验积累也具有十分重要的意义。

（3）基于传导模型的碳交易试点地区碳配额拍卖比例与发电行业减排成本模

拟研究。我国碳交易试点地区的碳配额拍卖工作刚刚起步，一些试点地区主要参照欧盟碳排放交易体系（European Union Emission Trading System，EU ETS）的相关做法对碳交易市场进行构建。总体上，由于针对试点地区的定量研究较为缺乏，政策制定者难以明确具体政策方案的设计。由于各个试点地区产业结构不同，因此，对各试点地区的碳配额拍卖比例与发电行业减排成本关系的研究和对比分析，能够对政府获得量化分析信息、进行管理决策，提供有力的支持。

（4）区域碳配额拍卖比例阶梯式发展模式研究。根据对碳交易试点地区的发电行业边际碳减排成本的测算和对比分析，探索我国发电行业实施碳配额拍卖的区域阶梯式推进模式，对于我国构建科学有效的国家碳排放交易市场具有深远的意义。

本书的章节结构及内容安排如下。

本书共分为三篇。

第一篇，介绍本书的研究背景和研究意义、国内外相关研究文献回溯、本书的具体思路和所应用的研究方法以及应用框架。

第二篇，探讨中国发电行业与碳交易市场发展概况，包括中国经济发展与碳排放状况、中国发电行业的现状及碳减排和碳交易面临的挑战。此外，从碳交易市场的发展历程、碳交易市场的总体情况概述和碳交易市场的主要特点三个方面对碳交易市场的总体状况加以述评。

第三篇，在介绍传导效应分析模型方法的基础上，对碳交易试点地区不同碳配额拍卖比例下的发电行业减排成本进行测算。具体包括：分析不同试点地区的经济条件、产业结构、设计机制、碳交易市场的特点；对不同碳配额拍卖比例对于北京市、广东省、上海市、天津市、重庆市和湖北省发电行业减排成本的传导效应进行了测算和研究。

此外，第三篇还重点提出了针对我国碳交易现状的碳配额拍卖阶梯式发展模式。具体来看，通过对中国各个碳交易试点地区不同碳配额拍卖比例下火力发电边际减排成本进行对比研究，构建了一种分区域、分阶段碳配额比例的阶梯式发展模式；探讨了我国碳交易市场如何从试点地区向全国碳交易市场过渡，并在分析碳交易试点市场成熟度的基础上，提出了相应的发展规划。

关于本书，还有以下几点说明。

（1）因为针对各试点地区采用了相同的测算方法，因此，在进行测算方法的总体阐述之后，对北京地区的测算按照方法进行了详细的展示，其他试点地区因步骤相同，测算方法将不再一一赘述，直接列出了过程计算结果和最终计算结果。

（2）本书所探讨的碳配额不同拍卖比例下总减排成本特指火力发电的总减排成本，不包含清洁能源的投资成本。

（3）本书选取 2020 年作为预测时间节点，主要分析在不同碳配额拍卖比例下 2020 年发电行业所需承担的减排成本。

党中央、国务院高度重视应对气候变化工作，而全国碳排放权交易市场（以下简称"全国碳交易市场"）是一项利用市场机制控制和减少温室气体排放、促进绿色低碳发展的重大制度创新，也是落实我国生态文明建设的重要抓手。在现阶段，我国排放权配额分配中拍卖的比例过低，这意味着企业需要为其生产活动直接或间接制造的二氧化碳排放量支付的费用有限。在可以预见的未来，企业要通过碳配额拍卖机制进行碳交易支付相应排放的费用，配额拍卖的渐进式推进将成为可能。对于该碳配额拍卖比例对发电行业减排成本的分析与研究将具有重要的现实意义和理论意义。

本书从构思到出版耗时较长，其间历经碳交易市场的政策和发展调整，我们反复修改、完善更新，但其中难免存在不足之处，请学界同行批评指正，提出宝贵建议。

赵沛崇

北京理工大学管理学院

2022 年 8 月

目　　录

第一篇　绪　　论

第二篇　中国发电行业与碳交易市场发展概况

第一篇　绪　　论

第1章 研究背景和研究意义

1.1 研 究 背 景

气候变化是全球人类面临的共同挑战。为了应对以二氧化碳为主的温室气体排放带来的这一全球难题，国际展开积极合作，希望共同实现低碳绿色发展。碳交易市场下的碳排放权交易（简称碳交易），便是国际紧密合作的产物，碳交易是运用市场经济促进环境保护的重要机制，区别于自愿减排碳交易市场下的二氧化碳配额交易，其是通过市场机制实现温室气体减排的主要方法。

碳交易市场机制最早在欧美等地的西方国家施行。我国在积极吸取欧盟、澳大利亚、美国等碳交易市场运行实践经验的基础上，结合本国国情，采用了"先建试点，再推广至全国统一碳交易市场建设"的模式。2011年，我国在北京、深圳、天津等7个省市开展碳排放权交易试点工作。2013年碳试点省市开始交易，试点地区根据当地实际情况开展的大量基础性工作以及创新性尝试，为全国碳交易市场的建设奠定了良好的基础。2015年9月，中国国家主席习近平和美国总统奥巴马共同发表《中美元首气候变化联合声明》，提出中国启动全国碳排放交易体系的计划[①]。2017年12月，国家发展改革委发布《全国碳排放权交易市场建设方案（发电行业）》，标志着全国碳交易市场完成总体设计并正式启动。发电行业产品碳排放占比高、产品相对数据基础好、监管体系完备，所以中国碳交易市场建设初期以发电行业为突破口。

根据碳交易市场建设方案，我国碳交易市场建设分为以下几个阶段：2018年为全国碳交易市场的基础建设期，重点任务是完成全国统一的数据报送系统、注册登记系统和交易系统建设。2019年则是模拟运行期，重点开展发电行业配额模拟交易，全面检验市场各要素环节的有效性和可靠性，2020年则进入深化完善期，让交易市场"制度完善、交易活跃、监管严格、公开透明"。此后十年则为发展逐步成熟阶段，该阶段碳交易市场的建设对于我国实现碳减排具有重要的意义。在该阶段，在发电行业碳交易市场稳定运行的前提下，国家利用十年的时间逐步完善全国碳交易市场并扩大市场覆盖范围，逐步引入石化、化工、建材、钢铁、有色、造纸、航空等重点行业。丰富交易品种和交易方式，探索

---

① 中华人民共和国中央人民政府. 中美元首气候变化联合声明[EB/OL]. [2016-04-01]. https://www.gov.cn/xinwen/2016-04/01/content_5060304.htm.

开展碳排放初始配额有偿拍卖、碳金融产品引入以及碳排放交易国际合作等工作。在碳交易市场建设经历逐步成熟阶段后，中国将进入碳排放绝对量较为快速下降的发展阶段，全国碳交易市场需要从服务于碳强度下降目标转而服务于碳排放绝对量下降目标。碳配额的稀缺程度进一步提高，碳配额价格将会进一步升高，初始配额的有偿分配比例将进一步提高，国际合作的深度与广度将进一步加大。随着碳交易规模的扩大和实践的积累，中国极有可能成为全球最大的碳交易市场。

碳交易市场的建设和发展将对高碳风险行业尤其是发电行业造成巨大的影响。当碳配额分配方式逐渐向着拍卖分配的趋势发展时，碳配额拍卖比例升高会影响到碳减排成本而使其升高，碳减排成本的变化继而会调整经济主体的减排行为及政府的减排政策，最终政策的转变将对中国发电行业和碳交易市场建设产生重要影响。具体分析：碳交易市场，将对发电行业等高碳风险型行业造成很大的冲击，原因包括以下几点。

（1）我国发电行业的二氧化碳排放量列居各行业之首，是碳交易最主要的参与主体。据统计，中国发电行业的二氧化碳占全国二氧化碳排放总量的 50%，在发电行业排放总量中，90%来自火力发电。中国碳交易试点地区都重点将发电行业纳入碳交易体系。

（2）电力需求持续增长导致发电行业二氧化碳排放量仍呈现上升趋势。根据国家统计局的相关数据，2001～2014 年，中国火力发电装机容量迅速增长，由 2.53 亿千瓦增至 9.16 亿千瓦。由于经济的迅猛发展，中国电力需求以年均近10%的速度持续增长。根据对电力需求情境中方案的测算，"十三五"期间全社会用电量增速为 7%左右，电力需求在能源消耗结构中仍将长期占据主体地位。《中国上市公司碳约束报告》显示，七个碳交易试点登记注册的火力发电行业，在2010～2012 年期间平均二氧化碳排放量达 3.39 亿吨，是登记注册的钢铁行业排放量的 2 倍以上。

（3）碳配额分配方式逐渐由免费分配方式向拍卖分配方式转换，这种政策转变将对中国发电行业产生重要影响。目前，碳交易试点的碳排放权配额大多处于免费分配阶段。然而，伴随着中国碳交易市场的不断成熟与完善，中国政府将逐步跟进国际碳交易市场进程，提高碳配额拍卖比例，实现国际接轨（欧盟碳交易市场从 2013 年开始，就几乎没有了免费配额的发放）。一方面，发电行业购买配额将带来成本的上升，企业需要将成本负担传导到电价上；另一方面，中国电力体制的原因，企业自主进行电价上调，将对中国发电行业的经营造成十分不利的影响。

因此，系统地开展中国碳配额拍卖比例对发电行业减排成本的传导效应仿真和对策研究是非常必要和紧迫的。

1.2 研 究 意 义

碳排放权初始分配是碳排放权交易的起点,也是关系到温室气体控制目标能否达成、碳交易制度能否有效运转、环境效益与经济发展能否协调一致发展的关键步骤。EU ETS 的发展经验和教训也恰恰证明了这一点。EU ETS 因配额过量免费发放,导致发电行业获得大量的"意外之财",造成碳价严重失真,碳交易体系近乎瘫痪。因此,开展碳配额拍卖比例与发电行业减排成本的研究,对于我国顺利启动配额拍卖,真正发挥碳交易的市场机制,避免重蹈 EU ETS 的覆辙,具有重要的学术价值和现实意义。

本书的学术价值在于:通过全面、系统的定量研究,构建发电行业在不同碳配额拍卖比例情境下碳减排成本评估模型,形成适合中国碳交易与发电行业碳减排成本测算评估的理论方法、碳交易与碳定价理论、碳交易与电源结构优化理论、区域碳配额拍卖比例的阶梯推进体系。研究结果有助于厘清碳交易机制对中国发电行业实现碳减排所遵循的内在机理,并明确相应的路径选择。通过研究不同碳配额拍卖比例下的发电行业减排成本,可以为探究碳交易机制促进发电行业减排的机理和路径问题提供依据。

本书的现实意义在于:第一,拟通过对中国碳配额拍卖比例对发电行业减排成本的影响与分析测算,为中国从配额免费分配机制平稳、顺利地过渡到配额有偿拍卖的分配机制,提供量化决策支持;第二,通过不同碳配额拍卖比例对发电行业减排成本传导效应的评估,保证发电行业的正常运转,减缓碳交易对发电行业的冲击;同时,鼓励企业在碳减排过程中化被动为主动,及时调整生产策略,利用技术升级和改造等达到减少二氧化碳排放的要求,将碳负债转化为碳资产,积极参与碳交易;第三,科学地设计碳交易市场配额分配在不同阶段的政策及规定,对于中国碳交易市场的顺利有序推进至关重要。尤其是碳交易试点省市实施拍卖对发电行业影响的研究和比较,将为中国实施区域化和差异化的碳交易机制,确保全国统一碳排放权交易体系的形成,提供有力的政策支持。

第2章　国内外研究和发展动态综述

欧美国家在 2005 年之后相继启动了碳交易机制，国外的相关研究起步较早，对中国的碳排放交易配额分配与发电行业减排成本的研究具有启发和借鉴作用，国内的相关研究仍处于探索阶段。

2.1　碳配额分配方式

碳配额是碳排放权①交易市场的基础产品之一，对于从试点到全国的碳交易市场建设有着重要意义。从全球范围来看，主流碳配额的分配方式有以下四种。

（1）免费分配。免费分配分为祖父法和基准法两种方法，以欧盟免费发放为例，它是一种实施强制性的碳配额交易的方法，能够很大程度地削减企业抵制碳交易的意愿，但目前欧盟法律体系还不够完善，可能会造成市场上配额过剩、配额价格过低的情况（苗越虹，2019）。

祖父法指纳入企业根据其在指定时间段的历史排放量获取免费配额。祖父法具有操作相对简单、数据要求适中等优点。然而这种方法可能减少碳交易市场启动前期的交易需求，还可能使早期投资于减排技术的企业受到不公平对待，因为这些减排成果实际上等于降低了相关企业的"历史排放量基准值"，导致其分配到的碳配额相比没有采取减排措施的企业反倒更少。

基准法是指企业根据一系列基于产品或行业排放强度的绩效标准来确定其获得的免费配额数量。基准法可解决上述的公平性问题并给早期行动者带来回报。然而基准法要求有高质量的数据，以及对复杂工业过程有透彻的了解。碳排放权交易体系常用的基准法是建立某个产品或行业的固定绩效标准（固定行业基准），即单位产品的碳排放值。基准值可设定为平均绩效水平、最佳实践水平或介于两者之间的数值（例如，前 10%最佳绩效者的平均水平）。

（2）拍卖法。拍卖法是指政府通过拍卖的形式让企业有偿地获得配额，政府不需要事前决定每一家企业应该获得的配额量，拍卖的价格和各个企业的配额分

---

① 碳排放权是指企业依法取得向大气排放温室气体（二氧化碳等）的权利。在我国，碳配额是指经当地发展和改革委员会核定后企业所获得的一定时期内向大气中排放的温室气体（以二氧化碳当量计）的总量。当控排企业实际碳排放量较多时，超出部分需要付费购买其他公司盈余的配额；而当企业实际碳排放量较少时，结余部分则可以在碳交易市场上进行出售。碳交易的过程就是政府相关部门对各个控排企业发放不同的碳排放指标或配额，限制其每年能排放的二氧化碳数量。如果某个控排企业节能减排，在仍具有剩余碳排放量指标的情况下便可以在碳交易市场上将其出售；如果某个纳入减排范围内的企业超额排放，超出配额的部分则需要在碳交易市场上购买。

配过程由市场自发形成。在拍卖法中，市场参与者可以通过拍卖形式从指定拍卖商处购买初始碳排放配额。以美国的拍卖法为例，它不必设定强制减排目标，由企业自发组织建立区域碳交易市场然后进行碳配额拍卖交易，拍卖资金用于支持减排技术的发展，但由于不同行业和企业的碳减排潜力存在着很大的差异，这可能会造成强势行业垄断市场的现象。通过拍卖分配碳配额被视为一种直接有效的方法，它能够确保配额由最重视其价值的市场参与者得到。此外，拍卖法还能产生财政收入以奖励早期行动者（即那些已经采取了节能减排措施的企业）并通过促成市场碳价形成和鼓励交易等多重效果提升碳交易市场的活跃性。

（3）定价购买配额法。例如，澳大利亚曾以政府规定的固定价格购买配额，2015 年以后随着市场逐渐成熟与稳定，碳配额价格由市场交易决定。它采用先稳定再适应的逐步过渡方式避免了碳价大幅波动，但前期需要充分收集市场数据，为后期市场发展奠定基础。

（4）混合法。以新西兰混合配额发放法为例，在考虑了各行业的差异后，新西兰针对不同的行业制定了相应的配额和配额额度（江银村等，2016），但由于行业种类繁多和行业标准难以统一，目前中国碳配额分配方式采取免费发放为主、有偿发放为辅的方法。从国际经验来看，大部分碳交易体系都没有采取纯粹的拍卖或纯粹的免费分配方式，而是采用配额分配的第三种模式即"混合模式"。混合模式既可以随时间的推移逐步提高拍卖的比例，即"渐进混合模式"，也可以针对不同行业采用不同的分配方法。

作为碳交易政策设计中最为关键的问题之一，碳配额的分配方式直接关系着各类企业的收益和广大消费者的利益。从全球范围来看，主流碳配额的分配方式主要就是碳排放配额免费发放和拍卖法。其中，免费发放分为祖父法和基准法两种方法；拍卖法中，市场参与者可以通过拍卖的形式从指定拍卖商处购买初始碳排放配额（吴倩，2014）。作为碳交易政策设计中最为关键的问题之一，碳配额的分配方式也直接关系着各类企业的收益和广大消费者的利益（Burtraw et al.，2006；Cong and Wei，2012；孙振清等，2014）。一些学者主张运用免费分配方式，以期减轻行业成本负担，保护行业竞争力，使其免受尚未采取碳交易国家与地区的威胁。一些学者主张运用拍卖法，认为它可以提升市场效率，增加政府收入或者补偿遭受气候变化影响的个人或组织。目前，我国学者主要持"以免费分配为主，同时开展少量拍卖试点"的观点，如曾刚和万志宏（2009）、姜晓川（2012）等，并逐步过渡到减少免费分配的比例、增加拍卖的比例，直至完全拍卖（袁溥和李宽强，2011）。

中国的碳交易市场建设方向是全国性的正式履约交易，从发展趋势来看，碳配额分配方式也将逐步由之前的免费分配过渡到按碳配额拍卖比例分配。对于碳配额拍卖比例对发电成本传导效应的研究，正是基于以上的趋势预判，并在此基础上进行深度挖掘和探索。

2.2　碳配额分配方式对发电行业的传导效应

关于碳配额分配政策对电力市场运行影响的研究主要集中在两个领域：其一，不同碳配额分配机制对电价的传导效应问题；其二，不同碳配额分配机制的成本效率的差异问题。

尽管针对是否取消免费分配配额机制，并用拍卖法取而代之来进行配额分配的问题仍有争议，但是，很多研究表明，不论拍卖法还是免费分配机制都会对发电行业造成传导效应，导致电价呈现上涨的趋势（Hepburn et al.，2006），并将碳配额的成本传递给消费者（Möst et al.，2011；Nanduri and Otieno，2011）。已有的研究表明，在企业短期生产交易中，碳配额价格升高（Burtraw et al.，2006）、碳排放成本升高会导致企业的成本升高（Reinaud，2004；Kirat and Ahamada，2011），碳配额成本和碳排放成本传导至消费者的传递率为 60%～100%。Point Carbon Advisory Services（2008）也测算出 2005～2007 年德国、英国、西班牙的发电行业碳配额成本传递率达到 75%～100%，意大利为 0%～75%，荷兰为 45%～65%。除此之外，有些研究还具体分析了在欧洲、美国、澳大利亚等国家和地区，碳配额价格对于电力市场批发电价、零售电价的影响程度，以及碳配额成本传递程度（Zachmann and Von Hirschhausen，2008）。

在碳配额分配机制的成本效益领域，Botelho 等（2011）认为，无论是免费分配机制还是拍卖法，实施碳交易机制，相对于不存在碳交易机制的情况，都会对碳减排起到积极的推进作用。更多的研究则表明，和免费分配法相比，拍卖法更具优势。免费分配会造成企业碳减排动机受到限制（Zhou et al.，2008），而拍卖法是对于推进发电行业实施碳减排最有效的碳配额分配方法（Burtraw et al.，2006；Hepburn et al.，2006；Shobe et al.，2010；Ahn，2014；Lin et al.，2011）；采用拍卖法进行碳配额分配可以保证碳交易市场 100%的有效性；从实现长远碳减排目标的角度分析，拍卖法的成本效益几乎是免费分配（祖父法和基准法）的两倍（Burtraw et al.，2001）。同时，拍卖法为碳排放交易机制带来的成本效率是最高的，能保证碳价格完全传递。

2.3　碳交易分配方式对发电行业减排成本传导效应的
测算方法

针对碳交易对发电行业碳减排成本传导效应的测算，Kwon 和 Yun（1999）、Park 和 Lim（2009）、Chen 和 Lin（2015）运用了结合其他方法的距离函数；Considine 和 Larson（2009）使用了改进的生产函数的度量方法；有些学者将用于能源政策分析、气候变化减缓测算的能源环境集成结构模型引入碳减排成本估算模型中，如 Islas 和 Grande（2008）、张颖等（2007）利用长期能源替代规划系统（long-range energy alternatives planning system，LEAP）模型，Kesicki（2012）利用市场分配（market allocation，MARKAL）模型进行评估；此外，Saysel 和 Hekimoğlu（2013）、Chappin 和 Dijkema（2009）、Neuhoff 等（2006）应用了仿真模型，Soloveitchik 等（2002）、Tolis 和 Rentizelas（2011）应用了规划模型，叶斌（2013）应用了煤电全生命周期碳排放强度模型，Johnson（2014）和 West（2012）还应用了其他模型对这种传导效应进行度量。

　　在上述研究中，碳减排成本测算结果差异较大（Fischer and Morgenstern，2006）。测算的准确性主要受到上述模型自身缺陷的影响。例如，距离函数只能用于微观分析，而不能进行宏观统筹，即距离函数本身只适合用于测算单个企业的碳减排成本，而不适用于整个行业碳减排成本估算（Park and Lim，2009）；此外，距离函数仅能测算单一时点而不是多时点的边际减排成本，从而无法获得不同时点下成本的差异性（Kesicki，2010）；柯布-道格拉斯生产函数的局限性使其只适用于仅具有一个输出量和两个输入量的简单生产情境。通过集成结构模型（如 LEAP 模型和 MARKAL 模型）可以较好地“自上而下”地深入观察碳税及碳交易体系的实施过程，但是却无法“自下而上”地展现技术结构变化（Soloveitchik et al.，2002）；超越对数函数模型和多目标线性规划模型都是静态评估模型，只有与动态仿真模型相结合，才能进行动态过程的详尽描述；动态仿真模型的优点在于：具有时间依赖性，可以针对不同时点进行动态过程描述，对实际系统做出及时的、相对准确的虚拟反馈，进而提供有效的多个决策选择方案，但是其缺点也较为明显：如果把碳排放作为单一变量，动态仿真模型又不能体现预测目标的内在变化。

　　综上所述，当前国内外关于碳交易配额分配方式对发电行业减排成本传导效应的研究，主要呈现出以下特点。

　　（1）大多数关于碳交易对发电行业减排成本的研究集中在欧洲、澳大利亚、美国和韩国等国家和地区。关于中国碳交易的研究尚处于起步阶段，定性研究居多，定量研究较少。

　　（2）目前，针对碳配额拍卖比例变化对中国发电行业减排成本影响的建模研究和定量测算还较为缺乏。实施碳配额拍卖机制对于发电行业造成的影响，尤其是对碳交易试点省市实施拍卖对当地发电行业减排成本的影响的评估和比较，仍需详细计算和全面探讨。

　　（3）碳交易配额拍卖机制的实施对于中国燃煤火力发电行业和风电、太阳能光伏发电等新能源企业所造成影响的文献也较少。对于碳交易的市场机制如何驱动发电行业实现减排，其内在机理和具体路径也需要进一步深入研究和探讨。

　　（4）碳交易对减排成本测算和评估的绝大多数研究采用的是一种方法，精确度尚不尽如人意，有待进一步完善与提高。

第3章 研究目标、框架及内容

3.1 研究目标

针对我国碳交易体系和发电行业将面临的亟待解决的管理科学问题，本书从系统科学的角度，灵活应用系统动力学方法、决策与优化理论方法，从试点地区碳交易市场的维度定量研究碳配额拍卖比例对我国发电行业的减排成本的影响，围绕碳配额拍卖比例对发电行业减排成本传导效应模型的构建、区域碳配额拍卖比例阶梯式发展模式等问题，深入探讨研究碳交易配额分配方式的理论方法体系以及碳交易市场机制促进发电行业减排的机理和路径。同时，注重理论方法研究与管理实践相结合，设计碳配额在不同阶段的分配政策及措施，旨在确保我国从碳配额免费分配机制平稳过渡到碳配额有偿拍卖机制，为我国统一碳排放权交易体系的推进，构建科学有效的国家碳排放交易市场提供政策支持和决策参考。

3.2 研究框架

3.2.1 研究方法

基于对新建模型的条件要求，本书拟运用超越对数生产函数模型，对不同碳配额拍卖比例条件下的碳排放权影子价格进行测算；拟建立不同碳排放权配额拍卖比例和碳排放权影子价格下的系统动力学（动态仿真系统）模型，测算不同情境下成本最优电源结构；拟建立目标线性规划模型，使火力发电成本及二氧化碳排放均控制在最低水平，并在此基础上，对不同碳配额拍卖比例下，发电行业的减排成本进行计算分析。

3.2.2 技术路线

本书以复杂系统科学的研究思路，将理论方法研究与实证研究相结合，采用定量与定性相结合的综合集成研究方法，从全国和局部试点地区两个角度来探讨碳交易配额拍卖比例对发电行业减排成本的传导与影响。灵活运用决策与优化理论，在依次建立不同拍卖比例下的碳排放权影子价格的测算模型、不同拍卖比例下的电源结构模型的基础上，构建碳交易配额拍卖比例对我国发电行业减排成本的传导效应模型。在模拟评价我国和试点地区相关分析结果的基础上，提出我国碳配额拍卖比例推进模式，为相关决策者提供信息支持与决策参考。

图 3-1 和图 3-2 展示了本书的总体研究框架图和针对某一试点地区的研究框架图。

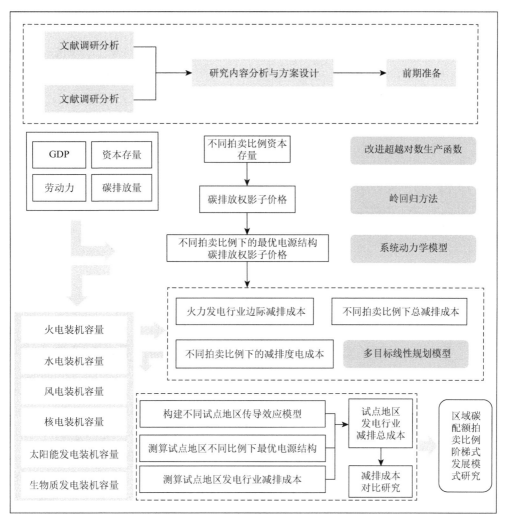

图 3-1　本书的总体研究框架图

GDP 为国内生产总值（gross domestic product）

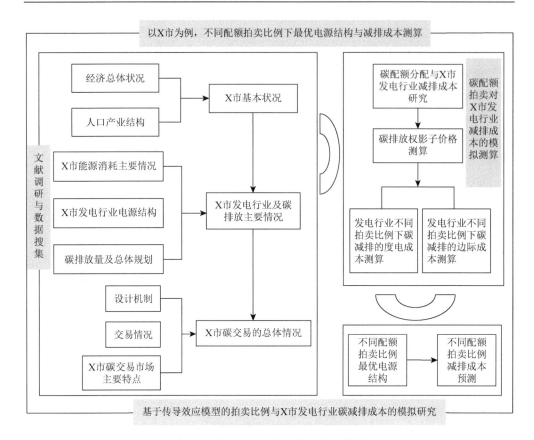

图 3-2 碳交易试点地区的研究路线图

3.3 研 究 内 容

3.3.1 我国碳配额拍卖比例对发电行业减排成本的传导效应研究

本节根据碳交易市场的运行机制和发电减排成本的影响因素，按照配额成本的传导路径（碳配额拍卖比例、碳排放权影子价格、电源结构优化和发电行业减排成本），构建我国碳配额拍卖比例对发电行业减排成本的传导效应模型。

（1）建立不同碳配额拍卖比例下碳排放权影子价格的超越对数生产函数模型。碳排放权影子价格是研究不同碳排放权配额分配机制下发电行业成本负担的决定性因素。我国现行的碳排放权影子价格没有反映真实的环境成本和开采成本。本书根据 GDP、资本存量、劳动力、碳排放量等数据，确立不同碳配额拍卖比例的碳排放权影子价格。

（2）建立不同碳配额拍卖比例下电源结构的系统动力学模型。碳交易的实施给发电行业增加了碳排放权配额成本，进而导致了发电行业发电成本中环境成本份额的增加。基于成本利润的市场驱动，发电行业电源结构将重新配置。本书拟根据电力需求、各类能源发电的二氧化碳排放量、各类能源发电的基本运行成本等数据，建立动态仿真模型，确立不同碳配额拍卖比例下火力发电、水力发电、风能发电、核电、太阳能发电以及生物质发电在发电侧中所占的最优比例。

（3）建立不同碳配额拍卖比例下的多目标线性规划模型。在发电行业最优电源结构的基础上，对不同配额比例下发电行业所承担的减排总成本及边际减排成本进行研究。

3.3.2　我国碳配额拍卖比例对发电行业减排成本的模拟测算研究

2014 年，国家发展改革委发布了《碳排放权交易管理暂行办法》，根据该文件的要求，我国将推动建立全国统一的碳排放权交易市场。2015 年，应对气候变化司国内政策和履约处处长蒋兆理在中国碳排放交易高层论坛上提出，2016～2019 年是全国市场第一阶段，2019 年之后将启动高速运转模式阶段。2017 年，国家发展改革委发布的《全国碳排放权交易市场建设方案（发电行业）》中，也提出"分三阶段稳步推进碳交易市场建设工作"的构想。按照相应时间区间，本书将进行如下测算研究。

根据所建的传导效应模型，在碳交易中实施配额拍卖的情况下，本书逐年测算了 2017～2020 年我国火力发电行业发单位电量所增加的成本，以此作为我国火力发电行业的边际减排成本。

3.3.3　基于传导效应模型的碳交易试点地区拍卖比例与发电行业减排成本的模拟研究

从 2011 年开始，我国已经启动北京、上海、天津、广东、湖北、重庆、深圳 7 个碳交易试点。其中，广东省最早开始尝试碳配额拍卖。上述试点省市的产业结构具有代表性，试点的成功经验将有利于在全国范围内推广。所以，有必要对 2017～2020 年试点地区不同碳配额拍卖比例与发电行业的减排成本进行测算。

3.3.4　区域碳配额拍卖比例阶梯式发展模式研究

由于福建碳排放权交易市场（2016 年 12 月开市）、四川碳排放权交易市场（2016 年 12 月开市）开市时间较晚，相关政策和制度建设仍有待完善，交易量不容乐观，因此并未将其纳入定量测算范围。由于深圳碳排放权交易市场（2013 年6 月开市）和广东碳排放权交易市场（2013 年 12 月开市）都是珠三角地区的活跃碳交易市场，但是从拍卖实践来看，广东碳排放权交易市场开展碳配额拍卖的时间最早，数据和资源的可获得性更强，因此本书并未将深圳碳排放权交易市场纳入定量测算范围。为了体现研究的系统性和实效性，在介绍各碳排放权交易市场建设情况时，本书将在不影响研究结论的前提下，根据信息披露情况、数据和资源的可获得性灵活地将福建、四川、深圳碳排放权交易市场纳入定性分析、横向比较的框架内。因此，本书中所提及的七个、八个碳排放权交易试点（简称"碳试点"）与主要开展定量研究的六个碳试点，并不存在表述不一致的问题。

需要特别说明的是，此处的区域主要指的是北京、上海、天津、湖北、重庆、广东六个碳排放权交易试点省市。在以上六个试点地区开展碳配额拍卖交易的背景下，本书旨在探索不同拍卖比例设置下发电行业如何实现最优电源结构及降低减排成本，并分析不同拍卖比例对发电行业的经济效益和环境效益的影响，提供政策建议和理论支持，以推动碳交易市场的有效运行和区域碳排放配额拍卖比例阶梯式发展进程。

根据对以上六个碳交易试点地区的发电行业边际碳减排成本的测算和对比分析，探索我国发电行业实施碳配额拍卖的区域阶梯式推进模式，对于我国构建科学、有效的国家碳排放交易市场具有深远的意义。

第二篇　中国发电行业与碳交易市场发展概况

第 4 章　中国经济发展总体概况及碳排放

4.1　中国经济发展总体概况

4.1.1　经济增长情况

GDP 是核算体系中一个重要的综合性统计指标，它反映了一国或某地区的经济实力和市场规模。从 21 世纪初开始，我国经济发展总体加速。国家统计局发布的《中华人民共和国 2019 年国民经济和社会发展统计公报》显示，2014～2019 年，我国 GDP 稳步增长，年平均增长率为 9.01%，见图 4-1。其中，2014 年，我国 GDP 为 643 563.1 亿元，与 2013 年相比增长 7.86%；2017 年我国 GDP 为 832 035.9 亿元，其年增长率为 11.47%，达到历史最高水平；2018 年和 2019 年，我国 GDP 增长率虽略有下降，但总体仍呈现上升趋势。2019 年，我国 GDP 为 990 865.1 亿元，人均 GDP 为 70 892 元，按年平均汇率折算达到 10 276 美元，首次突破 1 万美元大关（Yu et al.，2020），与高收入国家的差距不断缩小。

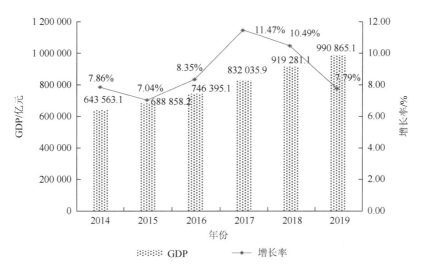

图 4-1　2014～2019 年我国 GDP 及其增长率

4.1.2　产业结构

改革开放后，我国产业结构不断优化，经济增长由主要依靠第二产业带动转向第二产业与第三产业共同带动。图4-2展示了我国2015～2019年第一产业、第二产业以及第三产业增加值占 GDP 比重的变化趋势。从中可以看出，第一产业的占比整体上呈现逐年下降的趋势，到 2018 年该比例降至 7.0%。工业和服务业快速发展，工业结构不断向中高端水平迈进，其中第二产业增加值占 GDP 的比重基本保持稳定。第三产业增加值占 GDP 的比重有持续上升的趋势，服务业快速发展成为经济增长的新引擎。《中华人民共和国 2019 年国民经济和社会发展统计公报》显示，2019 年，我国第三产业增加值占 GDP 的比重达到 53.9%，第二产业增加值占 GDP 的比重为 39.0%，同时，第一产业增加值占 GDP 的比重为 7.1%。

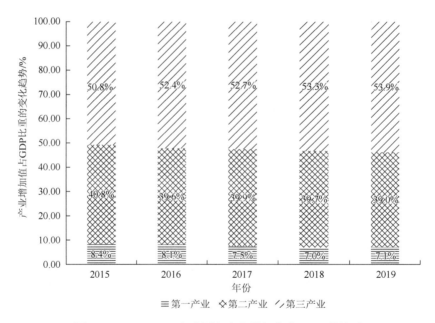

图 4-2　2015～2019 年我国各产业增加值占 GDP 的比重

4.1.3　能源消耗

能源是指能够提供能量的资源。这里的能量通常指热能、电能、光能、机械能、化学能等。能源是可以为人类提供动能、机械能等能量的物质。随着中国经济总量的持续增长，能源消费量不断攀升。国家统计局的数据显示，2015～2020 年期间，我国能源消费量呈现逐渐上升的趋势，从 2015 年的 43.4 亿吨标准煤，上升到 2020 年的 49.8 亿吨标准煤，见图 4-3。

2021 年，我国全年能源消费总量为 52.4 亿吨标准煤，比上年增长 5.2%。煤炭消费量增长 4.6%，原油消费量增长 4.1%，天然气消费量增长 12.5%，电力消费量增长 10.3%。

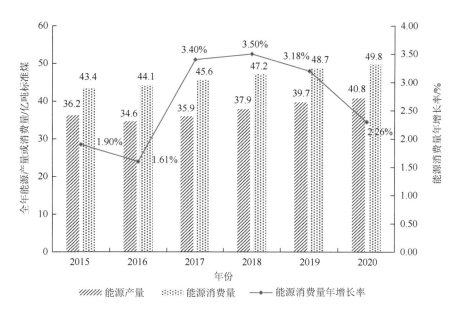

图 4-3　2015～2020 年我国能源产量和消费量及其年增长率

资料来源：根据国家统计局发布的数据整理

从煤炭消费量来看，我国仍是全球最大的煤炭消费国。近些年来，中国煤炭消费量占能源消费总量的比重持续下降，从 2016 年的 62.2%下降为 2021 年的56.0%，下降了 6.2 个百分点。但是，我国煤炭消费量占能源消费总量的比重仍然较高。煤炭消费比重下降是大势所趋，降低煤炭消费比重是实现碳减排的必由之路。伴随多项能源的不断发展，未来煤炭消费占比会进一步降低，煤炭消费量的减少也指日可待。

2015～2020 年，我国发电总量和火力发电量呈现上升趋势。发电总量从 2015 年的 57 399 亿千瓦·时上升为 2020 年的 76 236 亿千瓦·时。其中 2020 年中国水力发电量为 13 552 亿千瓦·时，同比增长 4.09%；火力发电量为 51 743 亿千瓦·时，同比增长 2.56%，见图 4-4。

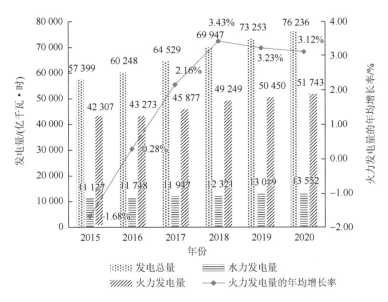

图 4-4　2015～2020 年我国发电总量、水力发电量和火力发电量及火力发电量的年均增长率

资源来源：《2015 年全国电力工业统计基本数据一览表》《2019 年全国电力工业统计快报一览表》

火力发电量的年均增长率以 2014 年 43 030 亿千瓦·时为基准来计算

4.2　碳排放的总体状况

伴随着经济的快速发展和能源消耗量的增加，我国碳排放量也在不断增加。虽然碳排放的增长率从 2003 年开始整体呈现下降趋势，但是碳排放总量却在不断增长。2003 年，我国碳排放总量为 40.54 亿吨，2020 年已经达到 102.51 亿吨，如图 4-5 所示。

在 2006 年，中国二氧化碳排放量已居世界首位，排放总量是美国的两倍。国际环保组织公布的全球碳排放量数据显示，2013 年，中国的人均碳排放量首次超越欧盟。2014 年，全球二氧化碳排放总量接近 355 亿吨，中国排放量高达 96.55 亿吨，位居世界第一。根据《气候观察》公布的最新碳排放数据，2018 年，全球二氧化碳排放量为 364.3 亿吨，中国二氧化碳排放量为 96.6 亿吨，占全球排放量的 26.5%，是全球最大的温室气体排放国，较世界其他主要经济体存在一定的减排空间。根据中国碳核算数据库的数据分析汇总，电力和热力生产行业是中国二氧化碳排放最主要的来源（占比 46.61%）。

为了应对与日俱增的减排压力以及缓解日益严峻的减排形势，中国政府正积极采取一系列有力措施，特别是在发电行业加大碳减排力度，实施"抓大放小"的战略以推动可持续发展、绿色低碳的生态环境建设。在发电行业，中国政府意识到电力生产与能源消耗之间的紧密联系，提出了以绿色低碳为导向的发展思路。

通过平衡经济发展与环境保护，展现了中国作为全球气候治理大国应对国际气候变化的巨大决心与责任担当。

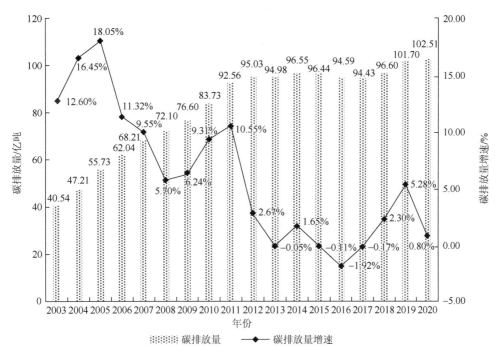

图 4-5　我国 2003～2020 年碳排放量统计及碳排放量增速

资料来源：根据《气候观察》研究数据，前瞻产业研究院整理

第5章　中国发电行业碳减排及碳交易面临的挑战

5.1　中国发电行业概况

5.1.1　发电生产情况

　　根据中国电力企业联合会公布的《2019 年全国电力工业统计快报一览表》的数据，2019 年全国全口径发电量为 73 253 亿千瓦·时，同比增长 4.73%。其中，火电为 50 450 亿千瓦·时，同比增长 2.44%，占全国发电量的 68.87%，比上年降低 1.54 个百分点；水电为 13 019 亿千瓦·时，同比增长 5.67%，占全国发电量的 17.78%，比上年提高了 0.16 个百分点；核电、风电以及太阳能发电量分别是 3487 亿千瓦·时、4057 亿千瓦·时以及 2238 亿千瓦·时，同比增长 18.20%、10.91% 和 26.51%，占全国发电量的比重分别比上年提高了 0.5 个百分点、0.3 个百分点和 0.5 个百分点。图 5-1 展示了 2011～2019 年中国发电量的变化趋势。

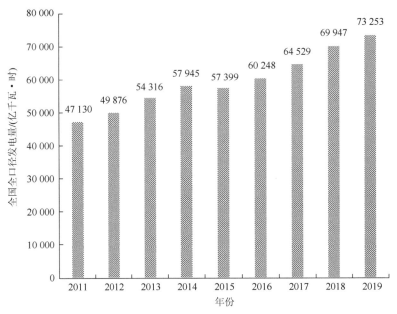

图 5-1　2011～2019 年中国发电量的变化趋势

资料来源：《2019 年全国电力工业统计快报一览表》

2019 年全国发电总装机容量为 201 066 万千瓦，同比增长 5.8%。其中，火力发电装机容量为 119 055 万千瓦，占发电总装机容量的 59.21%；风力发电装机容量为 21 005 万千瓦；而太阳能发电装机容量为 20 468 万千瓦。图 5-2 展示了 2019 年中国各类型发电装机容量占总装机容量的比重。

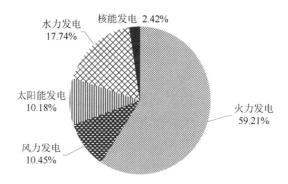

图 5-2　2019 年中国各类型发电装机容量占总装机容量的比重

资料来源：《2019 年全国电力工业统计快报一览表》

5.1.2　全社会用电情况

2019 年，全社会用电量为 72 255 亿千瓦·时，从产业上来看，第一产业用电量为 780 亿千瓦·时，占比为 1.08%；第二产业用电量为 49 362 亿千瓦·时，占比为 68.32%；第三产业用电量为 11 863 亿千瓦·时，占比为 16.42%；城乡居民生活用电量为 10 250 亿千瓦·时，占比为 14.18%。图 5-3 显示了 2019 年中国全社会用电量的结构分析。

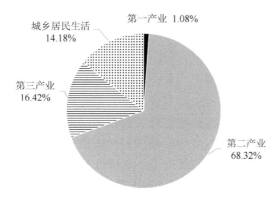

图 5-3　2019 年中国全社会用电量的结构分析

资料来源：《2019 年全国电力工业统计快报一览表》

2020 年，我国第一产业和城乡居民生活用电保持较快增长；发电装机延续绿色发展趋势，风电和太阳能发电量保持较快增长；除火电和太阳能发电外，其他类型发电设备利用小时均增加；全国跨区送出电量保持较快增长；发电基建新增装机同比增加，其中风电和太阳能发电新增装机约占 50%；电源完成投资同比增长，清洁能源完成投资占比提高。

5.2 中国发电行业碳减排面临的主要挑战

近年来，我国对能源利用多元化、清洁化、低碳化的需求日益迫切，因此发电行业的低碳化发展势在必行。中国发电行业作为国民经济重要的基础产业，其能源消费量占全国能源消费总量的 60% 以上。发电行业是我国最大的碳排放部门，二氧化碳排放量占全国总排放量的 40% 左右。在 2030 年前，电力将是能源增长的主导力量。新增用电需求与国家发展战略、民生福祉紧密相连，体现了对清洁、智能、共享等新型生产力的迫切需求，是支撑我国经济转型升级和未来居民生活水平提高的重要保障。

发电行业，尤其是火力发电碳减排任重道远。火力发电，尤其是燃煤发电，是目前综合经济性最好、技术成熟度最高的发电形式。理论上讲，相对于核电、水电、风电等，火力发电受资源制约较小，布局更加灵活，装机容量可以根据实际需求决定。中华人民共和国成立以来，我国电力工业快速发展，实现了从小到大、从弱到强、从追赶到引领的巨大飞跃，为我国经济社会发展做出了突出贡献。在此背景下，煤电快速发展，在国家持续投入和支持下，煤电技术取得了长足进步，单机容量、机组参数、机组数量、能效指标均跃居世界前列。

燃煤是二氧化碳排放的主要来源。燃煤发电减排仍面临诸多挑战，具体原因包括以下几点。

1）燃煤发电占比高且体量大

长期以来，燃煤发电呈现出占比高、体量大的特点，承担着我国主力电源和基础电源的角色。煤电是我国电力安全的战略力量，我国建设社会主义现代化国家和满足人民对美好生活的向往都需要保留一定比例的煤电份额。燃煤发电从区域和全国来看都体量巨大，其碳减排是能源领域绿色发展的重要一环，将为环境保护和生态平衡贡献力量，为全球碳减排目标做出贡献。因此，煤电将在满足电力供应安全和调峰、供暖需求的前提下不断降低发电量，以实现更少的碳排放。

2）深度发掘碳减排的技术潜力较为困难

从技术层面来看，通过强制性制定技术标准持续推进深度碳减排已经难以为继。目前，中国对发电行业减排已有较为严格的标准和要求，煤电机组供电煤耗和电网线损水平达到或接近国际先进水平，节能减排空间逐步缩小。根据中国电力企业联合会的分析，2014 年，我国火电机组平均供电煤耗降至 319 克/（千瓦·时）。未来，对于存量的煤电机组，我国需要大力进行节能提效改造，把煤耗降到 300 克/（千瓦·时）以下。对于达到设计使用寿命的机组，通过机组延寿改造并同步实施提升参数改造以大幅提升机组的经济性。另外，需要推进科技创新，大力发展高参数超超临界技术和超临界二氧化碳循环等新型高效动力系统，把新建煤电机组的煤耗降到 250 克/（千瓦·时）以下。但是，煤耗下降总体空间较小。

3）燃煤机组发电减排任务颇为艰巨

2020 年底，我国燃煤机组单位发电量碳排放量高达 879 克/（千瓦·时），即使最先进的燃煤机组单位发电量碳排放量也达到 756 克/（千瓦·时），远高于实现近零排放标准 [单位发电量碳排放量低于 100 克/（千瓦·时）]。火电行业减排任务艰巨。

4）燃煤仍然承担兜底保障的重要作用

近些年，我国新能源发电装机占比不断提升，在节能减排、温室气体排放减少方面发挥了重要的作用。中国电力企业联合会统计，在 2017 年，中国新增新能源发电装机占比 53.7%，首次超过了 50%，电源结构持续优化。全国非化石能源发电装机容量占全国总装机容量的 38.8%。东部地区、中部地区新增新能源发电装机容量占全国新增新能源发电装机容量的 76.0%，新能源发电布局继续向东中部转移。但是总体来看，清洁能源的占比总体尚有待提升。燃煤发电仍为我国火力发电的主流。

目前，我国的新能源电力波动大、间歇性强，大规模、低成本储能技术还未成熟应用，适当比例的燃煤发电可为电力系统的稳定运行提供足够的转动惯量，平抑大比例新能源发电并网带来的波动，保障电网系统的安全。只有当电力系统对新能源发电具有足够的消纳能力，可以有效地进行调峰、调频、调压、备用时，才能将更多的电量市场让给低碳电力。电力系统需要火力发电，尤其是燃煤发电来充分发挥为我国人民提供社会低成本用电、用热的"兜底保障"的重要作用。

5）尚不能完全依靠低碳技术解决减排问题

推进清洁能源及低碳技术发展是我国碳减排的必由之路，对服务国家发展战略和推动经济社会绿色转型意义重大。以低碳技术为例，我国积极开展二氧化碳捕集、运输、利用与地质封存全流程技术创新工作，进行大规模产业化碳捕获、利用和封存（carbon capture, utilization and storage, CCUS）技术示范应用，力争为碳减排目标的实现提供重要支撑。通过从国内外不断积累工程经验、加快技术研发、持续加大投资、广泛开展研究，目前已经取得了一定的成效。但是，总体来看，目前我国碳减排技术发展尚不稳定，缺乏核心技术且成本过高，短期内还无法完全依靠低碳技术解决减排的问题。

6）发电行业碳排放的政策仍不完善

电力减排政策对发电行业的节能减排工作具有重要的顶层意义。从 2015 开始，中国电力企业联合会持续关注电力污染物的控制，关注温室气体尤其是碳减排等重要因素。《中国电力减排研究 2015》对我国与电力节能减排及应对气候变化相关的法规政策标准、电力减排法规政策体系、电力污染物减排政策、节能政策、碳减排政策进行了系统整理和深入分析。研究表明，中国电力污染物减排政策已形成体系，电力碳减排政策体系也正在逐步建立。在电力污染物排放方面，政策涉及规划、结构调整、淘汰落后、准入条件、环评管理、污染防治、清洁生产循环经济、生态保护、环境监测、经济政策、环境执法等多个方面，形成了一个多角度、多维度的管理体系。同时，污染物减排管理贯穿电力生产全过程，覆盖电力项目立项、建设、生产运行、关停淘汰等全生命周期的各个阶段。

尽管如此，发电行业碳排放政策仍存在政出多门、监督不规范的问题，需要进一步改革完善。例如，现行污染物排放浓度要求就存在政策标准不统一的问题，既有国家排放标准、地方排放标准，还有国家部委或地方的规范性文件要求。煤电环保设施技术要求、煤电监督检查等也存在类似现象。

5.3 发电行业开展碳交易面临的主要挑战

在我国，发电行业是碳交易市场最为重要的市场参与主体。无论最先建立的七个碳交易试点还是启动的全国碳交易市场，中国都将发电行业纳入了控排范围内，发电行业肩负着碳减排的重任。

全国七个碳交易试点中，共有 155 家发电行业和 3 家电网公司被纳入管控范围，按照全国碳交易市场对纳入企业排放门槛的要求，几乎所有的电力企业都要参与到全国碳交易市场中，且在全国碳交易市场中将属于首批被纳入的重点行业。从中国试点市场中电力企业的表现来看，发电行业都积极参与，一方面是由于发电行业控排压力大、对碳交易市场比较重视，拥有较强的实力、较为成熟的体系和敏锐的市场意识；另一方面，由于发电行业多为大型国有集团，能够积极承担社会责任，在全国碳交易市场中持续发挥示范和标杆作用。

从全球碳交易的经验以及相关研究来看，我国发电行业进行碳排放活动在碳交易环境下受到的约束力将日益增强，将面临以下方面的挑战。

1）发电行业将面临保增长和碳减排的双重压力

碳交易市场将对发电行业的发展方式、电源布局、生产运行等产生影响，给行业带来保增长和碳减排的双重压力。一方面，2012 年以来，中国经济发展进入新常态，用电增速大幅回落，用电结构进一步优化，用电格局进一步调整，但未来一段时期内，随着中国经济的持续发展，中国发电行业需要加快发展以满足快速增长的电力需求。另一方面，来自国家的减排压力越来越大，中国作为全球最大的温室气体排放国之一，积极应对气候变化已成为国家战略。而发电行业是温室气体排放的重要来源之一，因此它在碳减排过程中扮演着至关重要的角色。发电行业的碳排放主要来自化石燃料燃烧等电力生产过程，在目前仍以火力发电为主的电源结构下，发电行业在确保发电量增长的同时减少温室气体排放将是未来面临的巨大挑战。

2）发电行业短期内发电成本上升

加入全国碳交易市场后，短期内发电行业的发电成本可能会呈现上升趋势。由于电力需求的增加必然会导致更多的二氧化碳排放，而发电行业为了履行政府下达的碳排放配额指标，同时保证电力供应，需要通过采取电厂技术升级改造、清洁能源发电技术、碳捕集技术或者通过碳交易实现减排目标，这无疑会增加发电行业的运行成本。发电行业特别是火电企业目前已经处于高负债和亏损的困境中，成本的增加无疑将加重其生产负担，随着碳配额价格的波动、配额分配趋紧以及有偿配额的比例增大，发电行业的经营压力将逐步增大。对于发电行业而言，碳排放成本将逐渐成为其生产成本中的重要组成部分。由于目前发电行业的市场化程度较低，发电行业的成本并不能顺利向下游传导。

3）发电行业面临碳价难以传导、发电量难以自主确定的困境

目前，中国大部分地区的上网电价与售电价仍由政府批复，电力价格还不是完全由市场决定。碳价不能反映电价，无法体现不同机组减排技术水平、减排成本的差异。发电计划由政府制定，发电行业还不能完全按照市场化方式自主确定发电量。在目前发电计划由政府制定的时期，企业面临有富余配额却不能多发电，没有富余配额但必须完成计划发电量的矛盾。发电行业作为首批纳入的碳交易行业，根据国务院批准的配额总量设定和分配方案，都是采用基准线法进行配额分配。在此配额分配体系下，那些管理水平高、单位产品排放强度比相应基准线低的发电企业配额将会出现富余，其竞争优势也逐渐明显。随着电力体制改革不断深入，管理水平高、碳排放强度低的发电企业获得的市场空间也越来越大。而那些管理水平和技术装备水平比较低、单位产品排放强度比相应基准线高的发电行业配额会缺少，可能在未来市场的竞争中处于劣势。我国政府目前正在推动电力市场化改革，提出逐步取消发电计划，推进发电侧和销售侧电价市场化，但该项改革的全面到位还需要一个过程。

第6章　中国碳交易的总体状况

6.1　我国碳交易市场发展历程回顾

化石能源的开发利用是人类社会生产力提升中不可或缺的重要因素，工业化和城市化进程的速度、规模和质量的极大提升离不开化石能源的使用。化石能源的使用是一把双刃剑，一方面化石能源是工业的血液，将动力输入工业体系的每一个环节以维持工业体系的高速运转；另一方面，化石能源的使用会产生大量的温室气体造成温室效应，引发一系列生态环境危机。应对气候变化已经成为中国乃至世界绝大多数国家需要共同面对的挑战。

碳交易市场是应对气候变化的有效手段，其金融属性已成为能源经济领域的热点话题之一。中国碳交易试点的建立经过了七个试点省市建立到全国碳排放权交易市场建设的两个阶段，这是利用市场机制控制和减少碳排放、推动绿色低碳发展的一项重大制度创新实践。

6.1.1　全国碳交易市场的建立

中国的碳交易市场在借鉴了国外碳交易市场建设经验的基础上先从试点陆续展开。2010 年，中国正式提出实行碳排放交易制度；2011 年，国家发展改革委批准了北京、天津、上海、重庆、湖北、广东及深圳七省市开展碳排放权交易试点。2013 年，碳排放权交易平台率先在深圳、北京、天津、广东、上海 5 个试点地区启动；自 2017 年开始，区域碳交易试点地区在条件成熟后逐步向全国碳交易市场过渡。2017 年 12 月，国家发展改革委正式印发《全国碳排放权交易市场建设方案（发电行业）》，标志着全国统一碳排放交易市场成立。

在试点建设期间，各个交易试点的建立与发展为全国碳交易市场的建立提供了宝贵的经验以及可用于分析的各项数据。各个试点地区根据各自的地区特点、行业机构选择、排放门槛、配额分配方法、惩罚方式等，对各自的碳交易机制进行设计，呈现了不同的特色。表 6-1 展示了全国重点碳排放权交易试点的机制设计内容以及各试点之间的差别。从表 6-1 中可以看出，发电行业都被纳入了碳交易控排企业的范畴。钢铁和化工企业也是各试点地区重点控排的行业。上海和广东两个试点将民航纳入控排范围，重庆将冶金企业纳入控排范围；北京试点地区被列入控排范围的企业和机构数量最多，为 947 家；在免费配额分配法下，历史排放法、历史强度法和基准线法为多数试点地区所采用。对于未履约企业的处罚，各个试点也有着不同的执行力度。

表 6-1　全国重点碳排放权交易试点的机制设计比较

要素	北京	天津	上海	重庆	湖北	广东
总量	约 0.5 亿吨	约 1.6 亿吨	约 1.56 亿吨	约 1.3 亿吨	约 2.57 亿吨	约 4.22 亿吨
行业机构	电力热力、水泥、石化、其他工业企业、服务业等 947 家企业及机构	钢铁、化工、电力热力、石化、油气开采等 109 家企业	钢铁、建材、有色、电力、石化、航空、港口、机场、铁路等 368 家企业	电力、冶金、化工建材等多个行业，254 家企业	电力、钢铁、水泥、化工等 15 个行业，344 家企业	电力、水泥、钢铁、石化、造纸、民航等 246 家企业
排放门槛	控排单位 5000 吨（含）二氧化碳以上	自 2009 年排放 2 万吨以上二氧化碳	工业 2 万吨二氧化碳，非工业 1 万吨二氧化碳	2 万吨二氧化碳	综合能耗 1 万吨标准煤及以上	2 万吨二氧化碳
方法	历史法和基准线法	历史法和基准线法	历史强度法、历史排放法、基准线法	总量控制与历史排放法结合	历史法、标杆法和历史强度法	基准线法、历史强度法、历史排放法
无偿分配	逐年分配	逐年分配	一次分配	三年逐年分配	逐年分配	逐年分配
有偿分配	预留年度配额的 5%用于定期拍卖和临时拍卖	市场价格出现较大波动	适时推行拍卖法等有偿方式，履约期拍卖	暂无	无	电力的免费配额比例为 95%，钢铁等其他企业免费配额比例为 97%
未遵约处罚	市场均价 3～5 倍罚款	限期改正，3 年不享受优惠政策	5 万～10 万元罚款	清缴期届满前的一个月配额平均价格的 3 倍	标的物价值 20%罚款	5 万元罚款
其他处罚	未报送排放报告或核查报告，5 万元以下罚款	限期改正	记入信用记录并通报公布，取消专项资金	未报告核查 2 万～5 万元罚款，虚假核查 3 万～5 万元罚款	未监测报告 1 万～3 万元罚款，扰乱交易秩序 15 万元罚款	不报告、不核查 1 万～3 万元罚款，最高 5 万元罚款

深圳作为碳排放权交易试点，拍卖批次少且拍卖成交量低。2014 年后深圳并未再次举行拍卖，拍卖机制处于停滞状态。从拍卖的政策体系来看，深圳和北京、上海采取的都是 "1＋1＋N" 的形式，即一个市人大立法、一个地方政府规章和多个配套政策文件与技术支撑文件。从碳配额成交量来看，深圳与北京、上海都属于第二梯度，碳交易量占比相差不大。因此，本书并没有将深圳碳排放权交易试点作为典型试点进行研究，探索不同拍卖比例下的边际减排成本和电源结构传导变化，而是仅和四川、福建试点一起进行了简要介绍。

6.1.2　碳交易市场控排范围的界定

各试点碳交易市场的控排范围既有相似之处又各有特色。从覆盖的温室气体种类来看，深圳、上海、北京、广东、天津、湖北的碳交易市场仅纳入二氧化碳作为控排气体；而重庆碳交易市场却纳入了《京都议定书》规定的全部六种温室气体，尽管增加了管控难度，但也表明了重庆碳交易市场控制温室气体排放的决心。

从覆盖的排放源来看，各试点省市碳交易市场均将直接排放源和间接排放源作为管控对象；另外，上海碳交易市场不仅纳入了固定排放源，还纳入了移动排放源，如航空业和城市公共交通行业等；而其他五个试点碳交易市场仅纳入了固定排放源。

就控排行业来说，各试点碳交易市场均覆盖第二产业高能耗、高排放的行业，如电（热）力、水泥、石化、钢铁（冶金）等行业；并且北京、上海碳交易市场还纳入了服务业和大型公共建筑。对于纳入控排企业的排放门槛而言，湖北碳交易市场纳入控排企业的排放门槛最高，即 2010 年和 2011 年的年综合能耗在 6 万吨标准煤及以上（排放量在 12 万吨二氧化碳当量及以上）；上海、广东、天津、重庆碳交易市场纳入控排企业排放门槛为特定时期年排放量为 2 万吨二氧化碳当量及以上；北京碳交易市场纳入控排企业的排放门槛为 2009～2011 年的年排放量为 1 万吨二氧化碳当量及以上。

全国碳交易市场从电力生产和供应业起步，将分阶段逐步扩大覆盖的行业和降低企业门槛标准，以保证碳交易市场的效率和公平性，力争在"十四五"期间将参与行业扩大到石油化工、化学原料和化学制品制造业、非金属矿物制品业、黑色金属冶炼和压延加工业、有色金属冶炼和压延加工业、造纸和纸制品业、民航业等年综合能耗达到 1 万吨标准煤（排放达到 2.6 万吨二氧化碳当量）的企业。

6.1.3　碳配额成交机制设计

《全国碳排放权交易市场建设方案（发电行业）》规定，发电行业重点排放单位需按年向所在省级、计划单列市应对气候变化主管部门提交与其当年实际碳排放量相等的配额，以完成其减排义务。其富余配额可向市场出售，不足部分需要通过市场购买。配额总量遵循适度从紧的原则，以保障价格合理适中。发电行业配额按国务院发展改革部门会同能源部门制定的分配标准和方法进行分配（发电行业配额分配标准和方法另行制定）。

试点地区符合条件的重点排放单位将逐步纳入全国碳交易市场，实行统一管理。区域碳交易试点地区也将在条件成熟后逐步向全国碳交易市场过渡。逐步建立起归属清晰、保护严格、流转顺畅、监管有效、公开透明、具有国际影响力的碳交易市场,推动全社会向绿色低碳转型升级以及实现控制温室气体排放的目标。

6.1.4 碳交易主体确定

碳交易试点地区选择的行业,主要分为三种类型,第一类是北京市、深圳市碳交易试点所覆盖的行业。由于高能耗产业较少,因此将高能耗产业外的其他主体纳入碳交易市场。北京除了高能耗产业外,还将事业单位纳入覆盖行业。深圳市则覆盖了建筑业和公共交通行业。第二类是上海市,对于工业企业和非工业企业设置了两个不同的碳交易市场门槛。第三类是天津市、重庆市、广东省和湖北省碳交易所覆盖的行业,主要将高能耗产业比重比较大的行业纳入,见表 6-2。

表 6-2 各试点地区碳交易市场的交易主体

地区	覆盖行业	起征点
北京	电力、热力、制造业、建筑业、事业单位和大学	2009~2011 年,年均直接或间接二氧化碳排放总量 1 万吨(含)以上的固定设施排放企业
天津	钢铁、化工、电力、热力、石化、油气开采等重点排放行业	2009 年以来年均排放二氧化碳 2 万吨以上的企业或单位纳入试点初期市场范围
上海	工业涉及钢铁、石化、化工、有色、电力、建材、纺织、造纸、橡胶、化纤等行业;非工业涉及航空、港口、机场、铁路、商业、宾馆、金融等行业	工业行业中,2010~2011 年中任何一年二氧化碳排放量 2 万吨及以上(包括直接排放和间接排放)的重点排放企业被纳入试点范围,非工业行业中,2010~2011 年中任何一年二氧化碳排放量 1 万吨及以上(包括直接排放和间接排放)的重点排放企业被纳入试点范围
广东	包括水泥、钢铁、电力、石化,再逐步在第二阶段扩展到陶瓷、纺织、有色、塑料、造纸等十多个工业行业	2011~2014 年任何一年排放 2 万吨二氧化碳(或综合能源消费量 1 万吨标准煤)及以上的企业,将被纳入碳排放总量控制和配额交易范围
湖北	钢铁、化工、水泥、汽车制造、电力、有色、玻璃、造纸等高能耗、高排放行业	2010~2011 年中任何一年综合能源消费量 6 万吨标准煤及以上的重点工业企业
重庆	重庆碳交易的试点企业主要集中在电解铝、铁合金、电石、烧碱、水泥、钢铁等 6 个高能耗行业	

6.2 我国碳交易运行情况分析

6.2.1 碳配额交易量情况

截至 2018 年底,全国七个试点碳交易市场已累计完成近 8 亿吨碳排放权配额交易量,并达成交易额累计超过 110 亿元,成交均价约为 14.4 元/吨。深圳开市最早，其交易额仅次于交易额第一的湖北；重庆作为最后一个开始碳配额交易的试点地区，2018 年成交价格为 4.01 元/吨，成交总量也不高；北京碳交易市场 2018 年的成交价格是七个试点碳交易市场中最高的，达到 52.72 元/吨[①]；湖北在七个试点地区中交易量最大，重庆和天津市场成交量则较小，交易几乎陷于停滞。湖北市场的成交量主要得益于三方面的因素：一是其控排企业多，拥有较大的配额规模；二是市场准入门槛较低，个人和机构投资者均可参与；三是碳金融创新走在各试点省市的前列。重庆碳交易市场采取企业自主申报的方式，造成配额大量剩余，交易较少。天津纳入的企业数量在七个碳交易试点中最少，且钢铁类型企业占了近一半。上海碳交易市场连续六年实现 100%履约，中国核证减排量（China certified emission reduction，CCER）年成交量及累计成交量均为全国第一。其中配额成交量 696.88 万吨，相对 2017 履约年度增长 21.79%；成交额 2.33 亿元，相对 2017 履约年度增长 40.84%。

由图 6-1 可以看出，2013～2018 年间，各试点碳交易市场配额交易量累计呈现如下的分布：虽然湖北碳交易市场开市较晚，但是近几年的成交总量和上海相比却是遥遥领先，占到 42.14%左右。上海的碳交易市场配额交易累计量占比次之，这里的统计数据都是针对配额线上交易情况而言的，对于难以统计的线下交易活动的数据暂时不予考虑。在配额交易累计量上，广东占比第三，为 11.07%，经过粗略测算，深圳和北京的碳交易量占比相差不大，分别为 9.60%和 7.78%。需要注意的是，虽然在碳交易累计量上天津占比最低，但是和前面的数据对比发现，天津的成交总额和成交均价却表现可观。

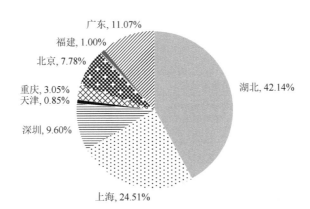

图 6-1 2013～2018 年各试点碳交易市场配额交易量累计分布情况（配额线上交易）

资料来源：前瞻产业研究院.2018 年中国碳排放交易市场现状及发展前景分析 未来市场空间超 10 倍[EB/OL].
[2018-12-29]. http://www.tanjiaoyi.com/article-25521-1.html

---

① 前瞻产业研究院. 2018 年中国碳排放交易市场现状及发展前景分析 未来市场空间超 10 倍[EB/OL].
[2018-12-29]. http://www.tanjiaoyi.com/article-25521-1.html.

6.2.2 履约情况

各试点地区建立碳排放交易市场后,履约情况的反馈结果显示良好。其中六个试点地区 2013～2017 年的履约率见表 6-3。从表 6-3 中的数据可以看出,六个碳交易试点地区自 2013 年建立以来,总体的履约情况逐渐趋于理想状态,即基本能够实现 100%的履约。其中,上海和湖北履行碳减排的碳交易市场交易信用度在全国范围来看都起到了示范作用。

表 6-3 六个试点地区 2013～2017 年履约率汇总表　　　（单位：%）

试点地区	2013 年	2014 年	2015 年	2016 年	2017 年
北京	97.1	100	100	100	100
天津	96.5	99.1	100	100	100
上海	100	100	100	100	100
湖北	—	100	100	100	100
重庆	—	—	—	—	—
广东	98.9	98.9	100	100	99.6

上海、北京、广东、天津等省市于 2013 年陆续启动了碳交易试点工作,重庆、湖北于 2014 年也启动运行了碳交易市场。截至 2018 年底,中国碳交易试点已经历五期履约。履约机制是碳排放总量控制的关键环节,是控排单位承担减排责任的重要体现。具有强制减排义务的主体按规定上缴排放配额用于抵消上年度的碳排放量,并在注册登记系统中进行清算。履约工作涉及碳排放报告报送、第三方核查和上缴配额等环节。除重庆未公布履约率外,其他试点省市 2013～2017 年的履约情况皆有公布。从几个试点碳交易市场的履约情况看,表现最好的是上海和湖北,各期履约率均为 100%。除重庆外,其他各试点的履约率均稳定在 95%以上且呈现出不断提升的趋势。总体来看,履约率不断提升,说明各地制定的各项政策规章对控排企业形成了一定的约束力,试点企业主动履约意识在不断增强。

在履约表现方面,各试点突出存在的一个问题是履约期集中交易现象突出。临近履约期时,为了完成配额清缴任务,各试点碳交易市场存在集中交易现象。其中北京市碳交易市场行情就比较具有代表性,交易量一般密集出现在 5～7 月份,平时市场活跃度并不高。其他碳交易市场也有类似的表现,即临近履约期时交易活跃度较高,其他时间段则交易较少。这说明市场交易具有履约驱动的特点并且都持观望态度,参与碳交易的意愿并不强,只是将碳交易作为一项任务而被动接受,由此导致只有在接近履约期时企业才会进行交易。六个碳交易试点省市中,湖北、深圳和广东市场的交易相对活跃,但仍然存在全天没有交易的现象,履约驱动交易的背后透露出碳交易市场的冷清。

2013~2016年,除上海以外,其他试点均存在着不完全履约的个体。在100%履约的试点中,推迟履约的现象屡见不鲜。2014年度的履约期,湖北推迟了近两个月才全部完成履约。2015年度的履约期,湖北和重庆再度推迟履约。2016年度和2017年度,部分试点地区出现了不同程度的推迟履约现象。诚信意识缺乏和相关法规约束力不够是不履约和推迟履约的重要原因。

6.2.3 碳交易活跃度

活跃度是衡量市场流动性的重要指标,它是根据七个试点碳交易市场现货二级市场交易总量与其配额总量之比进行统计的。根据《北京碳市场年度报告2018》的研究,2018年,深圳市场最为活跃,活跃度为41.96%,其他依次为北京17.88%、上海10.04%、天津6.42%、广东5.26%、湖北3.64%、重庆0.20%。北京市碳市交易场活跃程度在七个试点中处于第二位,见表6-4。

表6-4 2018年七个试点的碳交易市场活跃度

试点地区	活跃度/%	现货二级市场交易总量/吨	配额总量/亿吨
深圳	41.96	1 258 873	0.3
北京	17.88	8 941 083	0.5
上海	10.04	15 070 802	1.5
天津	6.42	10 269 975	1.6
广东	5.26	21 055 258	4
湖北	3.64	9 201 473	2.53
重庆	0.20	260 652	1.3

资料来源:《北京碳市场年度报告2018》。

从各碳交易市场的日交易数据来看,广东和湖北碳交易市场交易较活跃,全年分别仅有5个和6个交易日无交易。个别碳交易市场交易不活跃,全年仅有12个交易日有成交记录。在履约期前后交易活动频繁,离履约期较远时交易量不是特别理想。个别碳交易市场虽然有交易活动进行,但交易量容易出现断崖式下跌,某些天数的交易数量甚至只有1吨。各试点碳配额交易具有明显的峰谷特性,高峰一般出现在各地履约期前后,而由于配额交易活跃度不高,通常都伴随着多个跨度较大的低谷。

6.2.4　碳交易价格走势

随着碳交易市场的发展，碳交易价格也在不断地发生变化。各试点地区的碳交易价格会受到当地经济发展情况、碳排放量的增减以及政策变化等的影响而出现不同层次的波动。中国各试点省市碳交易价格差别较大，且波动程度不同。具体来讲，北京的碳配额价格较高，维持在 50 元/吨以上。2019 年北京碳交易市场的碳价远高于其他试点碳交易市场，日均成交最高达 87.48 元/吨，最低为 48.40 元/吨，日均成交最低价仍高于其余市场的日均成交最高价。天津、湖北的价格较为平稳，保持在 10～15 元/吨；广东的价格也较为平稳，为 10～20 元/吨；重庆则波动较大，自 2017 年以来价格呈 "U" 形走势，2017 年 3 月之前价格约为 15 元/吨，后一度跌至 1 元/吨，至 2017 年底方才回升，接近 30 元/吨；深圳碳试点建立之初波动较大，碳价最高达 99.8 元/吨，2015 年后趋于平稳，为 25～50 元/吨；上海的碳价呈先下降后上升的趋势，最高达 48 元/吨，最低达 4.29 元/吨。

6.3　我国碳交易市场的主要特点

全国碳交易市场在建立之前，中国政府选择了七个地方省市进行碳交易试点工作，每个试点市场都享有高度自治的碳交易管辖权力。从目前公布的数据来看，交易模式主要是以线下为主的现货市场交易，这些地方市场进行的实验性交易终因监管问题而终止。碳排放筹备和建设地区形成了完整的政策规则体系，而这将为政策的连续性和试点建设的普及性奠定一个良好的实践基础。

6.3.1　地方碳试点市场并存

与其他国家不同，在建立全国统一的碳交易市场之前，中国政府选择了几个地方省市作为碳交易试点，希望在地方试点经验的基础上建立一个成功、有效的碳交易市场。每个试点市场都由当地的主管部门根据本地情况制定规则。采用地方高度自治的方式，既可以调动地方参与碳交易市场的积极性，又能使碳交易市场呈现百花齐放的状态，进而从中筛选出更合适的模式，作为全国统一碳交易市场的参考。

6.3.2　线下交易为主要交易模式

从目前运行的试点碳排放权交易所公布的数据来看，碳交易的主要方式是线下撮合。呈现这种情况的原因主要有两点：一是线上交易手续费用高，交易企业不愿意为此支付高昂的手续费而由此选择线下大宗商品交易的模式；二是线上交易的不确定性大，无法对交易价格进行协商，也无法保证线上存在足额的购买量或者出售量。这一点在 CCER 自愿减排交易市场更为明显。

6.3.3　碳现货为主要交易产品

目前，碳交易市场不管是配额交易还是核证减排量交易，都是现货市场交易，碳金融衍生品的交易十分有限。在试点地区中，广东省、湖北省和上海市已经推出了碳远期产品，其中广东省的碳远期产品为非标协议的场外交易，是较为传统的远期协议方式；湖北省和上海市的碳远期产品均为标准化协议，线上交易的形式十分接近期货的形式和功能。但是，这些都是地方市场实验性交易，并非常态，占碳交易量中的极小部分，有的甚至只持续了短暂的时间段，便因监管问题而终止。

6.3.4　政策连续性较好

绝大多数地区在碳排放交易试点筹备和建设过程中始终坚持政策先行，形成了完整的"政府规章＋规范性文件＋配套管理文件"的政策规则体系，为碳交易市场相关工作的开展提供了政策依据。除了极个别地区，多数地方碳交易市场制定的配额分配制度、交易规则、遵约制度等规则在制定至今都没有发生较大的变化，保持了政策的连续性，提供了稳定的政策保障（刘琛和宋尧，2019）。

中国碳交易市场建设还具有逐步推进、先易后难的特点。

首先，从碳交易市场建设思路来看，主要体现了由局部到整体、逐步推进的特点。在空间范围上，实行由局部发展到整体的模式（由试点到全国），目前，由七大交易试点发展至新增四川、福建两大全国非试点地区，全国已有九个拥有国家备案碳交易机构的省市以及七个碳交易试点。在行业整体覆盖范围上，由个别行业扩展至各类行业，对于碳交易市场的管控由发电行业扩展至化工、钢铁、石化等其他高排放企业。在实体范围上，中国有望实现由企业到个人的覆盖，如企业方面，碳排放权交易市场已纳入 1700 余家发电企业，涉及碳排放总量 30 多亿吨；个人方面，支付宝对个人碳账户进行了探索，蚂蚁森林成为个人碳账户平台的先行者。

其次，从中国发电行业首先被纳入控排行业来看，这主要体现了我国开展碳交易先易后难的发展思路。我国碳交易市场的建设首先在发电行业开展，是由中国社会经济发展所处的时代背景与发电行业的发展现状来决定的。根据《全国碳排放权交易市场建设方案（发电行业）》的总体要求，发电行业被率先纳入全国统一碳交易市场有以下两点原因：第一，国家发展改革委坚持"成熟一个、纳入一个"的基本原则，发电行业相对成熟，且碳排放相关数据更全面，连续性更强；第二，发电行业的碳排放量相对较大，国家统计局的数据显示，2016 年中国煤炭消费 34.6 亿吨标准煤，其中，中国发电行业的耗煤量占比超过了 50%，高达 18 亿吨。按照国家发展改革委 2016 年发布的《关于切实做好全国碳排放权交易市场启动重点工作的通知》，国家确立了石化、化工、建材、钢铁、有色、造纸、电力、航空这八大领域作为参与碳排放权交易的重点领域。随着碳交易市场的不断发展与完善，高能耗、高排放行业都被逐渐纳入碳交易市场中。

最后，在充分考虑了欧洲、美国和澳大利亚等国家和地区碳交易市场建设的经验后，我国政府高度重视碳交易市场的健康发展，体现出鲜明的中国特色。在碳交易市场政策建设初期，我国政府在配额设定、不同的配额分配方法、间歇性地举行拍卖、拍卖价格等方面都起到了重要的指导作用。从理论上说，碳交易价格的形成应该与企业的边际减排成本挂钩，但不同试点地区市场碳交易价格相差巨大，可以看出，配额分配、排放数据核算中的政府行为以及政府拍卖底价制度带来的价格预期，在碳交易市场价格形成过程中起到了更为主导的作用，而市场供需关系对价格的影响相对较小。纵观国内外碳交易市场，其建设情况和运行模式均不尽相同。即使是较为成熟的欧盟碳交易市场，其运行机制也经历了多次调整，并在不断完善中；中国试点省市碳市场设计也是各具特点。这一时代背景决定了全国碳交易市场的历史定位和中国特色。

6.4 我国碳交易市场存在的不足

综上所述，可以看出，我国碳交易市场发展主要存在以下几个方面的不足，亟待完善。

6.4.1 法律顶层设计滞后

碳交易是运用市场机制控制和减少温室气体排放、推动经济发展方式绿色低碳转型的重要制度创新，是加强生态文明建设、实现国际减排承诺的重要政策工具，也是中国实现高质量发展以及参与全球气候治理的国家战略。但当前中国碳减排、碳交易工作存在立法相对滞后、法律效力偏低等问题。

截止到 2024 年，我国碳交易市场建设稳步推进，市场运行整体平稳。与此同时，全国碳交易市场制度建设方面的短板日益明显，法律顶层设计略显滞后。我国的碳交易总体属于新事物，仍需要继续探索完善基本制度框架，保持相关制度设计的必要弹性。针对碳排放数据造假的问题，相关的制度机制应该进一步完善，加强对排放报告编制与核查的法治监管。已出台的《"十三五"控制温室气体排放工作方案》、《碳排放权交易管理暂行办法》和《温室气体自愿减排交易管理暂行办法》等均属于规范性文件，必须有法律的授权才具有足够的权威。七个碳交易试点省市中，目前只有深圳市以深圳市人民代表大会立法的形式授权市政府开展碳排放管理工作，北京市通过了北京市人民代表大会常务委员会决定，法律约束力相对较强。

6.4.2　管理协同不足

碳交易作为一项系统性工作，在管理组织上存在相关部门之间、中央和地方之间的协同不足。当前国家发展改革委应对气候变化职能划至生态环境部，还存在政策的衔接过渡、部门协同以及相应的管理机制自上而下的完善和理顺问题。

6.4.3　市场效率偏低

碳交易市场效率偏低主要体现在以下两个方面。

（1）碳价发现不充分。碳价偏低，尚不能客观反映二氧化碳真实的边际减排成本和供需情况。通常情况下，由于边际减排成本的递增效应，稳定的碳交易市场形成的碳价应该呈现逐渐上升的趋势。但是，近些年中国碳交易试点地区的碳价表现尚不稳定，地区间碳价差异较大，而且整体碳价偏低。例如，2019 年 9 月 10 日~20 日期间，中国碳交易试点地区中碳价最低的是重庆（合 0.48 欧元/吨），最高的是北京（合 11.19 欧元/吨），而同期欧盟碳现货价格基本稳定在 25.44~27.02 欧元/吨，远超过国内碳价。

（2）碳交易市场流动性不足。一些控排单位碳交易和碳资产管理意识不强、积极性不高，个人及投资机构者的参与程度还不足，市场活跃度不够。另外，我国碳交易市场依然缺乏价格稳定机制。碳期货、碳金融、碳信用等用来发现和稳定碳价的辅助手段有待健全，碳交易市场套期保值和风险规避功能不尽完备。

第 7 章　我国碳交易试点地区碳配额拍卖的尝试

2014 年 12 月 10 日，国家发展改革委发布的《碳排放权交易管理暂行办法》第九条规定"排放配额分配在初期以免费分配为主，适时引入有偿分配，并逐步提高有偿分配的比例"。第十一条规定"国务院碳交易主管部门在排放配额总量中预留一定数量，用于有偿分配、市场调节、重大建设项目等。有偿分配所取得的收益，用于促进国家减碳以及相关的能力建设"。

2020 年 12 月，在《巴黎协定》通过五周年之际，联合国召开"2020 气候雄心峰会"，旨在突出全球日益达成的减排共识，进一步推动各方在气候行动、融资，以及气候适应和抵御能力建设方面的雄心和努力。这意味着纳入企业需要计算生产活动直接或间接制造的二氧化碳排放量，计算抵消这些二氧化碳所需的经济成本，并通过碳配额拍卖机制支付相应的费用。

在现阶段，我国排放权配额分配中拍卖的比例过低。在可以预见的未来，配额拍卖的渐进式推进将成为可能，因此研究和分析碳配额拍卖比例对于发电行业减排成本的影响，具有重要的现实意义和理论意义。

7.1　碳配额有偿分配的优点

在碳排放权交易机制中，碳排放权的初始分配是最重要的环节之一，将直接影响控排企业的履约成本。碳交易市场中配额分配方式目前有两种，即免费分配和有偿分配，其中有偿分配以拍卖为主。

根据科斯定理，只要财产权是明确的，并且交易为零或者很小，那么，无论在开始时将财产权赋予谁，市场均衡的最终结果都是有效率的，实现资源配置的帕累托最优。20 世纪 70 年代，在产权理论的基础上，碳配额的概念首次由 Dales 提出（Dales，1968），即只要碳排放的产权得到清晰的界定，最优的碳配额分配可以通过交易碳配额实现。

碳交易市场中引入拍卖机制具有效率高、有利于价格发现、有效配置资源、提高产量、改善社会福利和促进公平等诸多优点，进行配额拍卖越来越受到政策制定者的青睐。同时，在不完全竞争的条件下，拍卖模式可以比其他方式带来更多的社会福利。通过拍卖获得的收入可以用于支持环境保护项目，以利于解决气候变化问题和降低由于碳税造成的碳配额价格扭曲。拍卖收入可以减少税收扭曲，与配额免费分配的祖父法相比，拍卖可以为消费者产生更高的盈余和更低的产品价格水平。从公平的角度看，碳排放权拍卖机制可以有效地避免集中分配方法的内在缺陷，如政策分配不当和监管扭曲，更符合"污染者付费"的公平原则。我国试点碳交易市场对配额拍卖机制做了尝试，但制度和配套体系不及欧盟碳市场和美国区域温室气体倡议（Regional Greenhouse Gas Initiative，RGGI）碳交易市场完备，在全国碳交易市场拍卖机制的设计上仍然处于探索阶段。

7.2 我国碳交易试点地区的碳配额拍卖机制

中国于 2011 年 10 月由国家发展改革委批准在北京、天津、上海、重庆、湖北、广东、深圳"两省五市"开展碳排放权交易试点工作。自 2013 年以来，国内试点碳交易市场陆续启动，而在各试点中仅有深圳、上海、广东和湖北四个试点地区在碳交易体系中引入了配额拍卖机制，且四个碳交易市场在拍卖机制、拍卖政策、拍卖实施过程和拍卖效果等方面政策的设定上都存在差别。

总体来看，广东碳交易市场竞价拍卖较为频繁，但深圳、上海、湖北只进行了少批次拍卖，且拍卖成交量较少。对比拍卖机制及其实施过程和效果发现，拍卖机制当前在国内正处于探索应用阶段，各试点碳交易市场经过初步建设后根据具体交易情况开展试验性应用，取得了不同程度的效果，但拍卖机制的市场化减排功能还未得到有效开发和应用。

7.2.1 机制设计对比

表 7-1 将我国进行碳交易的试点地区从底价设定、信息公布、拍卖控制、拍卖资金等角度进行了总结对比。

表 7-1 各试点碳交易市场拍卖机制对比

碳交易市场	底价设定	信息公布	拍卖控制	拍卖资金
深圳碳交易市场	市场联动	交易所公告	无	无
上海碳交易市场	市场联动	交易所公告	无	无
广东碳交易市场	多阶段底价	交易所公告	流拍机制	无
湖北碳交易市场	固定底价	交易所公告	无	无

机制设计方面，国内试点碳交易市场对拍卖机制进行了诸多尝试，如湖北市场采用固定底价，广东试点引入了流拍机制。总体来说，国内试点碳交易市场的配额拍卖体系仍处于建设阶段，所举行的拍卖以帮助企业履约、补充市场流动性为主，在配额分配中实践较少，尚未形成成熟的运行体系。

在拍卖收入的使用方面，虽然中国试点碳交易市场拍卖所得资金同样用于支持企业碳减排、碳交易市场调控和建设，但就具体使用比例、支持领域、技术和企业门槛等尚未做出明确和公开的规定与说明，拍卖资金的运营管理相对国际主要碳交易市场来说仍然不够公开、透明。

拍卖平台建设方面，国内试点碳交易市场的拍卖多由国家发展改革委委托，在各试点碳排放权交易所的平台上进行，平台建设仍有待完善。

7.2.2　碳配额拍卖的具体情况

1. 广东碳配额拍卖具体情况

广东省人民政府印发的《广东省碳排放权交易试点工作实施方案》规定碳排放权配额初期采取免费为主、有偿为辅的方式发放。广东碳交易市场在国内试点碳交易市场中对配额拍卖机制进行了最多的探索，为国内碳交易市场提供了借鉴参考。

广东碳交易市场竞价拍卖活动频繁的背后是碳交易市场机制设计的优越性。在机制设计方面，包括广东在内的国内试点碳交易市场对拍卖机制进行了诸多尝试。广东试点引入了流拍机制（湖北市场采用固定底价）。从设立有偿拍卖开始，广东将控排企业履约年限 2013～2017 年设为四个履约年度。此外，经过不断尝试，广东试点还对拍卖机制的要素设定进行了多次探索，目前已经从"强制控排企业参与"过渡到"允许控排企业自愿参与"，从"只允许控排企业参与"过渡到"允许交易机构和控排企业共同参与"，从"由政府固定竞拍价格"过渡到"由市场和政府共同调控定价"。

四个履约年度的具体实施情况如下。

第一个履约年度广东碳交易市场配额拍卖总量为配额分配总量的 3%，拍卖价格固定为 60 元/吨，强制控排企业参与并仅允许控排企业参与。该年度拍卖定价影响了市场上的配额交易价格，该年度配额交易均价达 64.49 元/吨。

第二个履约年度设定每个季度进行一次拍卖，拍卖底价呈阶梯上升式，并允许交易机构与控排企业自愿参与。首次拍卖时控排企业积极性高，其成交量占当年拍卖总量的 69%，后三次拍卖由于价格升高、市场碳配额富余等，拍卖成交量逐步缩减。该年度配额交易均价达 27.69 元/吨，高于首次拍卖底价，市场交易活跃程度比上年度有所提升，市场换手率明显增大。

第三个履约年度以拍卖前特定时间内市场成交均价的 80%为政策保留价，不强制设定拍卖底价。这一年度第四次拍卖由于申报量未达到成交要求而流拍，用于拍卖的配额由政府收回注销。

第四个履约年度延续上年度较为成熟的拍卖制度，除第四次拍卖同样由于申报量不足而流拍外，前三次拍卖情况良好，对碳交易市场产生了正面影响，市场配额成交均价在拍卖的价格区间内波动，说明广东碳交易市场拍卖底价机制已较为成熟，应用效果良好。

综合来看，广东碳交易市场在各阶段所运用的拍卖底价机制呈现出不同市场效果。其中初期底价促使控排企业关注并主动参与碳交易市场，但第二个履约年度内过高的拍卖底价不符合市场预期，在一定程度上导致了该履约年度内市场交易活跃度较低和配额价格下跌。第三个履约年度拍卖的政策保留价在设定上与市场交易价格挂钩，形成一二级市场有效联动，有利于发挥市场定价功能，提升市场流动性。因此，广东碳交易市场的拍卖机制运作日趋成熟，充分发挥了市场在资源配置中的决定性作用，有效体现了拍卖机制的价格发现功能，为交易活跃和市场流通提供了有力的帮助。

2. 深圳碳配额拍卖具体情况

2014 年，深圳碳交易市场的首次拍卖成本价格为 35.43 元/吨，这是深圳碳交易市场对于配额拍卖机制的首次探索性尝试。拍卖底价和市场碳配额成交价格联动，且二级市场交易均价高于拍卖底价，说明深圳碳交易市场在考虑市场实际的情况下发挥了拍卖机制的价格发现功能。同时，根据深圳排放权交易所的交易数据，当年碳配额交易的换手率达 4.91%，在一定程度上表明拍卖机制具有促进市场流通的功能。此后，深圳碳交易市场并未再次举行拍卖，拍卖机制应用处于停滞状态。

3. 上海碳配额拍卖具体情况

上海市人民政府发布的《上海市碳排放管理试行办法》标志着配额拍卖机制的引入。上海碳交易市场配额拍卖机制是为了协助控排企业履约，将拍卖时间安排在履约期末。上海碳交易市场针对未完成履约的控排企业先后举行了三次市场化拍卖。第一次拍卖底价为市场配额交易均价的 1.2 倍并指定最低限价，促进控排企业购买二级市场配额，同时向市场传递价格信号，确保市场上配额交易价格处于合理区间。第二次拍卖在第一次拍卖的基础上将最低限价改为最高限价，确保控排企业以合理价位参与配额拍卖以完成履约，降低控排企业的履约成本，提升市场活跃度。第三次拍卖沿用了拍卖最高限价的规定。因此上海碳交易市场是在特定时间，针对特定对象（未履约的控排企业）在拍卖底价高于市场均价并低于政府定价限制的情况下举行碳配额拍卖，目的在于协助控排企业及时履约。

4. 湖北碳配额拍卖具体情况

湖北省人民政府 2023 年发布的《湖北省碳排放权管理和交易暂行办法》规定，企业年度碳排放初始配额和新增预留碳排放配额实行无偿分配，根据国家有关要求适时引入有偿分配。结合政府之前发布的《湖北省 2022 年度碳排放权配额分配方案》可知，所谓的有偿分配就是在履约期政府需要适时预留并组织配额拍卖。引入配额拍卖机制时，规定配额拍卖数量不超过配额总量的 3%。实际应用中，湖北仅在碳交易启动前举办了一次碳配额拍卖，属于市场探索性拍卖，以激活试点碳交易市场、提升市场活跃性为目的，拍卖总量为 200 万吨，拍卖价格为 20 元/吨。仅有的这次拍卖为交易机构参与碳交易市场提供了机会，提升了市场信心，保障了二级市场碳价格稳定运行，此后，湖北碳交易市场活跃度高、流动性强，其履约年度成交均价达 24.31 元/吨，体现了配额拍卖机制服务市场、促进流通和价格发现的功能。

　　本书将上述提到的四个碳排放权交易试点进行列表总结，如表 7-2 所示。更多关于各试点拍卖运行规则的政策文件及具体规定，整理在表 7-3 中。

表 7-2　中国碳交易试点拍卖机制的应用情况

试点	拍卖阶段	拍卖机制	拍卖价格	拍卖市场作用
深圳	2013 履约年度	拍卖量不低于年总量的 3%，仅限控排企业参与	统一拍卖价格，底价设定为成交均价的一半	价格发现/促进流通
上海	2013、2016 和 2017 履约年度	履约期末拍卖，2013 履约年度仅限未完成履约企业参与；2016 和 2017 履约年度为所有控排企业参与	底价为市场成交均价的 1.2 倍 + 政策限价	价格发现/促进流通/服务市场
广东	2013～2016 履约年度	多阶段制度变化	多阶段定价机制：单一定价—多阶段定价—市场定价—底价设置	价格发现/促进流通/服务市场
湖北	2014 履约年度	市场一次性启动拍卖	固定碳价 20 元/吨	价格发现

资料来源：Kossoy A. State and trends of carbon pricing 2017 [R]. Washington DC：The World Bank，2017.

表 7-3　中国拍卖权交易试点中关于拍卖运行规则的具体规定

试点地区	相关文件名称	发布日期	具体规定
深圳	《深圳排放权交易所拍卖公告(第 001 号)》	2014.05.27	（1）拍卖底价为每吨 35.43 元（以截至 5 月 27 日的市场平均价格的一半为准）。 （2）拍卖申报：投标人在拍卖时间内只能进行一次拍卖申报，一次申报可提交三组报价，三组报价数量不得超过投标人允许的最大申报数量。申报一经提交不可撤销。 （3）中标原则：①有效申报数量高于或等于拍卖数量时，按有效申报价格从高到低排序，以全部拍卖数量募满为止时的价格作为最后中标价格；②申报价格等于最后中标价格的投标人有多个，且该价格申报数量超出配额剩余匹配数量时，以该价格各投标人申报数量占各投标人申报总量的比例乘以配额剩余数量分配，按最后中标价格成交；③有效申报数量低于拍卖数量时，以所有有效申报中的最低申报价格成交；④申报价格高于拍卖底价的申报为有效申报。 （4）最大拍卖量：参加拍卖的投标人的最大申报数量不得超过其 2013 年度实际碳排放量与 2013 年度实际确认配额之间差值的 15%。否则视为无效投标

续表

试点地区	相关文件名称	发布日期	具体规定
上海	《关于组织开展2016履约年度上海市碳排放权配额有偿竞价发放的通知》	2017.06.17	（1）此次所竞买的配额只能用于竞买人本单位2016年度履约清缴，不能用于市场交易。 （2）竞买底价为上海碳排放配额（Shanghai emission allowance，SHEA）在2016年11月18日至2017年6月29日期间所有交易日挂牌交易的市场加权平均价的1.2倍，而且不高于42元/吨。具体竞买底价由上海环境能源交易所于6月29日收市后公布。 （3）在规定竞价申报时间内，竞买人通过交易系统可进行买入申报。申报价格不低于竞买底价时，申报有效。 （4）竞价申报结束，系统按照价格优先、时间优先的原则对所有有效申报进行排序，以发放总量内最低申报价作为竞买统一价成交。 ①竞价申报时间结束后，系统按价格优先的原则对所有有效申报从高到低进行排序，对于价格相同的申报按照时间优先原则进行排序。 ②根据排列结果，以发放总量内最低的申报价作为竞买统一价，并按照排列顺序根据竞买人的申报数量逐一成交。 ③当竞买申报量小于或等于发放总量时，所有有效申报按照竞买人申报数量成交；当竞买申报量大于发放总量时，排列末位的可成交申报，按实际可竞得数量成交
	《关于组织开展2017履约年度上海市碳排放权配额有偿竞价发放的通知》	2018.07.17	同上
广东	《2013年度广东省碳排放权配额有偿发放公告》	2013.12.09	（1）竞买底价为60元/吨。 （2）竞买量：①控排企业，2013年度配额总量的3%或以上；②新建项目企业，建成后预计年度碳排放总量的3%。 （3）采取统一价成交方式。发放时间结束时交易系统将所有竞价申报按照价格优先原则进行排序，价格相同的申报按照时间优先原则进行排序。当申报总量不大于发放总量时，所有的申报按照竞买底价作为竞买统一价，按申报总量成交；当申报总量大于发放总量时，申报价格从高到低排列，依发放总量内的最低申报作为竞买统一价，按发放总量成交
	《2014年度广东省碳排放配额有偿发放（第一次）公告》	2014.09.18	（1）竞买底价为25元/吨。 （2）竞买量：控排企业和新建项目企业不限制单次竞买量及总竞买量，其他机构或组织单次竞买量（单笔申报）不得低于5000吨。 （3）成交方式同上
湖北	《湖北省2014年第一次碳排放权配额竞价转让公告》	2014.03.24	（1）竞买底价为20元/吨。 （2）根据《湖北碳排放权交易中心碳排放权交易规则》有关规定，市场参与人须以不低于基价的价格进行报价竞买。在竞价时间内，交易系统将按照价格优先、数量优先、时间优先的原则配对成交，直至配额全部转让

资料来源：根据公开资料整理。

　　总体来说，国内试点碳交易市场的配额拍卖体系仍处于建设阶段，所举行的拍卖以帮助企业履约、补充市场流动性为主，在配额分配中实践较少，尚未形成成熟的运行体系。

7.3　应用效果对比

总体而言，配额拍卖作为碳交易市场调控的重要手段之一，在各试点市场的实际应用中体现了其有效性。但不同的机制设置及市场本身的情况对市场应用效果的影响差异较为明显。

7.3.1　配额价格发现作用

从配额价格发现角度分析，广东碳交易市场首次配额拍卖价格过高（60 元/吨），脱离市场价格，但后期通过拍卖政策的调整，2014~2016 履约年度的拍卖价格与市场交易价格基本相当，表明拍卖机制发挥了一定的价格发现功能。其他市场由于没有连续的配额拍卖政策，因此对配额价格发现的作用有限且持续影响效果不明显。以湖北为例，湖北唯一一次拍卖价格定为 20 元/吨，这次拍卖起到了价格发现的作用，因此湖北碳交易市场配额价格在很长一段时间维持在 20 元/吨以上，但由于后期没有继续应用拍卖机制，这一次的拍卖影响有限。

7.3.2　市场流通促进作用

在市场流通方面，广东碳交易市场在初期配额拍卖价格和市场价格脱离时，控排企业会选择从市场购买配额，当配额价格和市场价格联动后，由于通过拍卖获取配额会降低企业审计的风险，更多控排企业选择参与拍卖以完成履约，加上免费配额供应过量，因此拍卖对促进市场流通的作用有限。深圳、上海、湖北试点碳交易市场由于拍卖次数有限，因此拍卖机制对促进市场流通的作用很小。

7.3.3　控排企业服务作用

从服务控排企业的角度分析，由于拍卖政策的连续性，不少控排企业选择通过参与配额拍卖满足履约需求，广东碳交易市场很好地实现了为控排企业服务。深圳、上海碳交易市场举行的拍卖仅允许控排企业参与，因此有效地服务了控排企业，但由于拍卖次数有限且拍卖配额主要是为了协助企业履约，并不能持续满足控排企业的履约需求。湖北碳交易市场仅进行过一次拍卖，且拍卖量绝大部分由机构获得，因此服务控排企业的效果不明显。

7.3.4 配额增值保值作用

国外的碳交易市场一般具有保值和增值的作用，如加州碳交易市场配额拍卖由于考虑了通货膨胀且配额分配采取免费和有偿结合的方式，因此拍卖配额具有增值保值作用，但我国的碳交易市场配额拍卖在增值保值方面未体现出有效作用。

对比各试点配额拍卖机制发现，各试点碳交易市场经过初步建设后，根据具体交易情况进行配额拍卖，虽然取得了不同程度的效果，但配额拍卖机制在国内碳交易市场的应用仍存在改进空间，市场管理者还需加强拍卖机制的应用探索，并进一步根据实际情况进行调整完善。

配额分配方式是碳交易市场设计过程的核心机制，分配方法极大地影响对减排行为的激励程度。配额分配路线之争的根本在于有偿分配还是无偿分配，而具体的配额额度确定方法也根据国情和行业情况各有不同。全国碳交易市场于 2017 年 12 月 19 日正式启动，初步确立了分基础建设期、模拟运行期和深化完善期三步走的行动方案。依照国际碳交易市场的发展历程，配额分配的大趋势是从无偿分配走向以有偿分配为主，从祖父法、标杆法等走向以拍卖分配为主；这是经过实践证明形成共识的大方向。从无偿分配过渡到未来有偿分配，再到 2020 年底中央经济工作会议对碳减排的重视都预示着碳配额拍卖机制将继续完善和创新。

第三篇　碳配额拍卖比例对我国发电行业减排成本传导效应研究

第8章 碳配额拍卖比例对发电行业碳减排成本传导效应模型概述

8.1 模型基本要素解析

在碳交易和发电行业减排成本评估方法的文献回溯中，本书分析了原有相关方法的优点与不足。因此，新建的评估模型在汲取这些模型和方法的优点的基础上构建。具体来讲，所采用的方法应当满足以下条件：能够综合考虑不同电源结构碳排放的差异性和不同能源替代的可能性；能够规避假设条件内在的诸多不确定性因素；能够充分体现碳排放的路径依赖，并且不受时点限制；可根据不同时点下特定情境中的具体参数，进行不同时点碳减排成本的测算。

基于对新建模型的条件要求，本章拟运用超越对数生产函数模型，对不同配额拍卖比例条件下的碳排放权影子价格进行测算；拟建立不同碳排放权配额拍卖比例和碳排放权影子价格下的系统动力学（动态仿真系统）模型，测算不同情境下的成本最优电源结构，并在此基础上，对不同配额拍卖比例下发电行业的减排成本进行计算分析。现将相关研究方法简述如下。

8.1.1 超越对数生产函数

超越对数生产函数模型是柯布-道格拉斯生产函数的优化，是对柯布-道格拉斯生产函数两边求对数得到的，具有较强的应用性和可靠性。碳排放权影子价格的测算在文献记录中主要有三种方法，分别是距离函数、柯布-道格拉斯生产函数和超越对数生产函数。本章运用超越对数生产函数对各个试点地区进行碳排放权影子价格的测算。上述三种测算碳排放权影子价格方法的优缺点见表 8-1。

表 8-1 测算碳排放权影子价格的方法比较

研究方法		优点	缺点
距离函数	产出距离函数	可用于测算技术效率，求商的过程计算方便	无法对外部环境进行合理估量，精准度不够
	投入距离函数		
	方向性产出距离函数	添加径向向量对期望产出和非期望产出对偶响应，提升模型分析的精度	研究范围受限，不适用于宏观研究

研究方法	优点	缺点
柯布-道格拉斯生产函数	参数计算简单，使用方便	只适用于两个自变量和一个因变量的情形，准确度不高
超越对数生产函数	使用范围扩大并考虑了技术进步的影响	忽略了自变量间共线性的影响

超越对数生产函数模型是一种变弹性生产函数模型，该函数中不仅有各投入要素的对数项，还包含各投入要素的交叉项及平方项，相对其他生产函数在替代和转换模式上具有更强的灵活性。因此，本章采用超越对数生产函数的形式表现各投入要素与产出之间的函数关系。

一般而言，碳排放在数学模型中的处理主要有以下两种方式。由于生产过程中产生的碳排放相当于运用了生态系统的循环代谢功能，所以第一种处理方式将碳排放作为一种生产要素引入生产函数之中。将碳排放视为变相运用自然资源，所以在生产函数中将碳排放作为一种要素投入量，将非期望输出量作为输入量处理。第二种处理方式为，如果一个模型中同时包含期望输出量和非期望输出量，通常将碳排放作为不良输出量引入生产函数之中。

本章采用第一种处理方式，将二氧化碳排放视同传统投入生产要素（资本存量和劳动力）引入生产函数模型之中。通过将二氧化碳排放量 E 作为一种生产要素引入生产函数的方式优化超越对数生产函数模型，最终达到求解碳排放权影子价格的目的。

基于上述理论，构建超越对数生产函数优化模型如下：

$$\ln Y_t = \varepsilon + \alpha_K \ln K_t + \alpha_L \ln L_t + \alpha_E \ln E_t$$
$$+ \alpha_{KL} \ln K_t \ln L_t + \alpha_{KE} \ln K_t \ln E_t + \alpha_{LE} \ln L_t \ln E_t$$
$$+ \alpha_{KK} (\ln K_t)^2 + \alpha_{LL} (\ln L_t)^2 + \alpha_{EE} (\ln E_t)^2$$

式中，$\ln Y_t$ 为第 t 年的 GDP 的对数；$\ln K_t$ 为第 t 年资本存量要素投入量的对数；$\ln L_t$ 为第 t 年劳动力要素投入量的对数；$\ln E_t$ 为第 t 年碳排放量的对数；$\ln K_t \ln L_t$、$\ln K_t \ln E_t$、$\ln L_t \ln E_t$ 为交叉项；$(\ln K_t)^2$、$(\ln L_t)^2$、$(\ln E_t)^2$ 为平方项；各个 α 为系数；ε 为随机干扰项。

方程式变形为

$$\frac{\mathrm{d}Y_t / Y_t}{\mathrm{d}E_t / E_t} = \frac{\mathrm{d}\ln Y_t}{\mathrm{d}\ln E_t} = \alpha_E + \alpha_{KE} \ln K_t + \alpha_{LE} \ln L_t + 2\alpha_{EE} \ln E_t$$

$$\frac{\mathrm{d}Y_t}{\mathrm{d}E_t} = \frac{Y_t}{E_t} \times (\alpha_E + \alpha_{KE} \ln K_t + \alpha_{LE} \ln L_t + 2\alpha_{EE} \ln E_t)$$

根据边际生产率理论，中国碳排放权影子价格 P_{E_t} 等于碳排放的边际生产力，计算公式如下：

$$P_{E_t} = \frac{Y_t}{E_t} \times (\alpha_E + \alpha_{KE} \ln K_t + \alpha_{LE} \ln L_t + 2\alpha_{EE} \ln E_t)$$

为了求解碳排放权影子价格 P_{E_t}，首先需要通过测算取得上式中的系数 α_E、α_{KE}、α_{LE}、α_{EE}，在此选用岭回归方法通过 MATLAB 软件分析测算上式中的各项系数值。

8.1.2 岭回归方法

岭回归方法在模型存在多重共线性时具有较好的适用性，能得出较好的估计结果。其基本思想是在更小的估计残差与模型更好的适应性两者之间进行平衡，从而得到与实际情况相符的估计结果。

岭回归是一种专用于共线性数据分析的有偏估计回归方法，实质上是放弃最小二乘法的无偏性，依靠损失部分数据、降低精度来获得更符合实际的回归系数。从上述的多重共线性诊断中得到设定的模型均存在多重共线性，为了解决模型的多重共线性，Hoerl 等提出给参数 β 的普通最小二乘法计算矩阵 $X^T X$ 加上一个 k 倍单位矩阵 kI（$k>0$）的方法（Hoerl and Kennard，1970；Hoerl et al.，1975；Vinod，1978），此时参数估计方程为

$$\hat{\beta} = (X^T X + kI)^{-1} X^T y$$

式中，I 为单位矩阵；k 称为岭参数，上式称为参数 β 的岭回归估计。某两个变量存在较强相关性时，$X^T X$ 的行列式接近于 0，使 $X^T X$ 接近奇异矩阵，从而导致计算结果误差较大。对于最小二乘法来讲，此时估计参数会失真，对于岭回归来讲，$(X^T X + kI)^{-1}$ 接近奇异的程度小于 $X^T X$。随着 k 值的增加，$\hat{\beta}$ 估计参数偏离真实参数 β 变远，$k \to +\infty$ 时，$\hat{\beta} \to 0$。运用岭迹法进行岭回归方法参数的选择，需要注意各系数的岭估计基本稳定，残差平方和增加不明显。

8.1.3 系统动力学模型

系统动力学模型是一类动态仿真的建模系统，基于收益折现法的基本理论思想，主要用于分析研究社会学方法论中具有动态特性的复杂问题。成本最小化系统动力学模型在发电行业碳减排研究领域得到了广泛的应用。启发式优化算法为局限于特定时间范畴的复杂问题情境求解最优值提供了兼具可靠性及可行性的解决方法。对于计算复杂的研究主体，启发式优化算法的优势在于在求解最优解的运算过程中不依赖于强假设。经研究发现，发电行业可以运用启发式优化算法进行政策制定及分析，以达到发电成本最小化的经济目标。

本章运用成本最小化系统动力学模型分析评估发电行业最优电源结构，以启

发式优化算法模拟发电行业加载负荷及降低负荷的调节过程，将电力总需求调度分配给各类能源发电，启发式优化算法执行需求调度分配，将发电行业所承担的年均发电成本维持在最低水平。在调度分配电力需求的过程中，启发式优化算法所遵循的主要原则是各类能源发电侧出力与其发电成本呈反比例关系。也就是说，每个时间段内调度分配电力需求的过程中，在各类能源发电侧生产负荷承受范畴内，优先选择发电成本相对较低的能源发电侧出力。上述就是负荷调度启发式优化模型的理论内涵，模型的具体描述如下。

各类能源发电侧出力与其发电成本呈反比例关系，用以下公式表示：

$$\beta_i \propto \left(1 - \frac{c_i}{\sum_j c_j}\right) \tag{8-1}$$

式中，β_i 为 i 类能源发电调度比例；c_i 为第 i 类能源发电成本（元/（兆瓦·时））。在每次迭代过程中，运用需求-供给比例 D_n/S_n 和标量 σ_1 计算各类能源发电出力。

迭代第 1 步：计算 β_{i1} 和 σ_1，即

$$\beta_{i1} = \left(1 - \frac{c_i}{\sum_j c_j}\right) \times \frac{D_n}{S_n} \times \sigma_1 \tag{8-2}$$

$$\sigma_1 = \frac{1}{1 - \left(\sum_j c_j s_j / \left(\sum_j c_j\right)\left(\sum_j s_j\right)\right)} \tag{8-3}$$

特殊情况下，当 $D_n = 0$，$\beta_{i1} = 0$ 时，通过采用乘法标量进行调整，用电总需求与发电总量持平，这是各种调度算法的基本属性，如式（8-2）所示。第一次迭代中式（8-3）并不能保证所有的 $\beta_{i1} \leqslant 1$。因此在第二次迭代过程中，加入超额需求量因素，超额需求量在各类能源发电中重新分配，每类能源发电比例均小于 1，用式（8-5）计算新增发电需求量部分。重复这一步骤直到所有 i 满足 $\beta_{i1} \leqslant 1$ 为止。

迭代第 2～7 步如下：首先，定义集合 Ω_n 为满足条件 $\beta_{i(n-1)} \geqslant 1$ 的发电能源类别的集合，即

$$\Omega_n = \left\{j : \beta_{j(n-1)} \geqslant 1\right\} \tag{8-4}$$

$$\Delta D_n = \sum_{j \in \Omega_n} \left(\beta_{i1} - 1\right) S_n \tag{8-5}$$

$$S_n = \sum_{j \in \Omega_n} s_i \tag{8-6}$$

其次，计算 β_{in}：

$$\beta_{in} = \beta_{i,n-1} + \left(1 - \frac{c_i}{\sum_{j \in \Omega_n} c_j}\right) \times \frac{\Delta D_n}{S_n} \times \sigma_n \tag{8-7}$$

对于所有 $j \in \Omega_n$ 满足：

$$\sigma_n = \frac{1}{1 - \left(\sum_{j \in \Omega_n}(c_j s_j) / \left(\sum_{j \in \Omega_n} c_j\right) \times \left(\sum_{j \in \Omega_n} s_j\right)\right)} \qquad (8\text{-}8)$$

β_{in} 的发电调度比例满足以下两个限制条件：

$$\sum_{i \in \Omega_n^c} \beta_{in} S_n = D_n \qquad (8\text{-}9)$$

对于所有 i、n 满足：

$$\beta_{in} \leqslant 1 \qquad (8\text{-}10)$$

式中，D_n 为 n–1 次迭代下电力需求总量（（兆瓦·时）/年）；S_n 为 n–1 次迭代下各类能源发电总供应量（（兆瓦·时）/年）；s_i 为第 i 类能源发电装机容量（兆瓦/年）；σ_n 为第 n 次迭代的乘法标量；Ω_n 为 n–1 次迭代中发电比例大于或等于 1 的能源类别集合；Ω_n^c 为 Ω_n 的补集合；ΔD_n 为 n–1 次迭代中未赋值的超额需求量（（兆瓦·时）/年）。

8.1.4　多目标线性规划

多目标线性规划是法国经济学家帕累托于 1896 年首次提出的，也称为多目标优化理论。多目标线性规划已被广泛应用于科学研究、经济体系、政府政策、金融和物流等各个领域。在需要对两个或多个相互冲突的目标进行权衡的情况下，多目标线性规划能够实现最佳决策的制定及选取。例如，最大限度地降低成本和最大限度地提高汽车的性能是一个涉及两个目标的多目标线性规划问题的实例。由于多目标之间的矛盾和不可通约性，最佳解决方案不可能满足所有的目标，因此，多目标线性规划的稳健性在于它可以将不具有可比性的多目标转化为单目标进行更好的阐释，并寻求更为有效的优化解决方案。

采用多目标线性规划，可通过对火力发电行业发电成本及二氧化碳排放量进行约束，使此二者处于最低水平，同时对发电量进行约束，使其必须满足用电需求。通过对上述三个目标进行线性规划，以获得火力发电行业的最优技术结构。目标函数即为利用最低成本及最低碳排放量满足用电需求。

火力发电总成本净现值 F_{cost} 最低目标转换为如下公式：

$$\min F_{cost} = (A_1 + A_2 + A_3)\text{PVIF}_{i,n}$$

$$A_1 = \sum_{i=1}^{n} a_i \times (P_n - C_0)$$

$$A_2 = \sum_{i=1}^{n} 8760 \times P_i \times H_i \times P_c$$

$$A_3 = \sum_{i=1}^{n} 8760 \times P_i \times E_i \times X \times P_{E_t}$$

式中，F_{cost} 为火力发电总成本的净现值；A_1 为 2016 年火力发电新增投资成本；A_2 为 2016 年火力发电煤炭消耗成本；A_3 为 2016 年火力发电所承担的环境成本；$PVIF_{i,n}$ 为复利现值系数，i 代表折现利率，n 表示折现期间数，即现金流发生的时间与当前时点之间的时间间隔；a_i 为 2016 年发电技术 i 单位装机容量的建设成本；P_n 为 2016 年发电技术 i 的装机容量；C_0 为 2015 年发电技术 i 的装机容量；P_i 为 2016 年发电技术 i 平均产出效率；H_i 为 2016 年发电技术 i 单位发电量的耗煤量；P_c 为煤炭价格；E_i 为发电技术 i 单位发电量的二氧化碳排放量；X 为碳配额拍卖比例；P_{E_i} 为碳排放权影子价格。

约束条件如下。

（1）电力需求：年度火力发电总量不低于用电需求总量。经过各个能源调度后分配给火力发电的需求量为

$$\sum_{i=1}^{n} 8760 \times P_i \geqslant D$$

式中，D 为电力需求总量。

（2）二氧化碳排放量为

$$\sum_{i=1}^{n} 8760 \times E_i \times P_i \leqslant M_y$$

式中，M_y 为二氧化碳排放约束上限。

多目标线性规划能够在一定约束条件下解决目标最优化的数学问题，其强大之处在于：可解决多个待实现目标存在矛盾且无法通约，却需要多目标最优解的问题；将多个不可比较的目标转化成一个单一目标，实现了优化。本章拟通过多目标线性规划，解决火力发电行业成本及二氧化碳排放均控制于最低水平的相互矛盾的目标问题，在用电量满足用电需求的情况下获得火力发电的最优技术结构。

8.2　传导效应分析模型

（1）2001～2015 年期间碳排放权影子价格测算。我们搜集了各试点地区 2001～2015 年的 GDP（Y）、劳动力人口（L）、资本存量（K）、二氧化碳排放量（E）等模型变量，通过超越对数生产函数和岭回归方法的综合使用计算出每年相应的碳排放权影子价格。

（2）计算获得 2020 年不同碳配额拍卖比例下的影子价格［我国碳交易市场形成的交易碳价较低，并未反映真实的资源（碳配额）的稀缺价值，因此在刻画环境成本和减排成本方面有必要重新预测能够反映碳配额真实价值的影子价格］。

（3）优化 2020 年不同碳配额拍卖比例下的最优电源结构。搜集整理全社会用

电量、装机容量、利用小时数、发电成本等模型计算所需的变量后,结合影子价格,运用系统动力学模型、多目标线性规划模型求得发电行业最优电源结构。

(4)测算不同碳配额拍卖比例下发电行业的发电减排总成本和度电成本。根据最优电源结构下的二氧化碳排放量以及不同碳配额拍卖比例下的影子价格,在有针对性地解决了火力发电成本和二氧化碳排放难以同时控制在最低水平的关键问题后,得出了以火力发电为主的不同碳配额拍卖比例下发电行业减排总成本以及边际减排成本。至此,构建了不同碳配额拍卖比例下发电行业碳减排成本的传导效应模型。通过对模型输出结果的分析和解读,为相关决策者在制定碳配额拍卖比例和有关的碳减排政策时提供了信息支撑和决策参考。研究技术路线简图如图 8-1 所示。

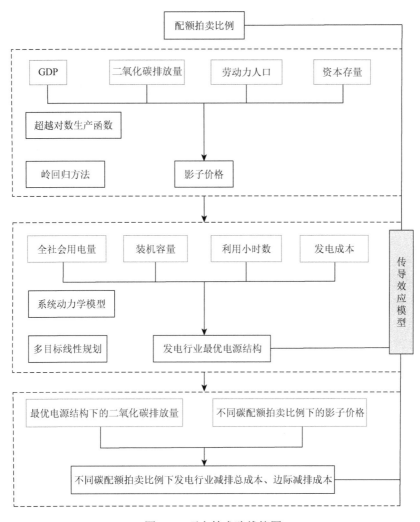

图 8-1 研究技术路线简图

　　为了解决已知碳配额拍卖比例求不同碳配额拍卖比例下的发电行业减排总成本和边际减排成本的问题，本书设计了以下的研究思路以提供详细且科学的解决方案。

　　鉴于我国2013年碳交易才逐渐出现，2012年之前并没有碳交易数据的事实，我们运用2000～2012年的相关数据进行模型设计及验证，模型验证可靠后，便可用于测算2012年之后年份的碳排放权影子价格。其他的研究材料主要通过北极星大气网、碳交易网、各地的统计年鉴以及其他门户网站获得，由于部分数据更新延迟，能找到的最新数据与当前相比滞后了一到两年的时间，最后的输出结果可能出现略微偏差。在选择的六个试点地区，我们按照相同的思路搜集模型需要的数据并进行测算。因此，本书对北京试点地区进行较为详细的计算过程陈述，上海、天津、湖北、重庆、广东的测算方法将不再赘述，直接列出相应试点地区的测算结果，并进行相应的解读和说明。

　　根据上述对试点地区的测算分析，本书创造性地提出了碳交易市场建设阶梯式发展模式，以解决局部试点的建设经验向全国碳交易市场科学推广存在的难题。

第9章 试点地区碳交易市场基本状况

9.1 北京市碳交易市场基本情况

北京市，简称"京"，是中华人民共和国的首都、直辖市、国家中心城市、超大城市，全国政治中心、文化中心、国际交往中心、科技创新中心，是世界著名古都和现代化国际城市，是中国共产党中央委员会、中华人民共和国中央人民政府和全国人民代表大会常务委员会的办公所在地。北京市在中国的经济建设和社会发展中具有十分重要的地位和作用。

改革开放后，中国生态文明建设取得了一系列可喜成果，2018 年 12 月，庆祝改革开放 40 周年大会召开，习近平总书记在重要讲话中指出应"充分发挥市场在资源配置中的决定性作用""加强生态文明建设，牢固树立绿水青山就是金山银山的理念，形成绿色发展方式和生活方式"。①

北京市碳交易市场在发展过程中，以市场化的手段实现"绿水青山就是金山银山"，以市场化手段进行环境治理，更好地完成了首都大气污染治理、能源结构转型和经济结构优化的目标。

9.1.1 经济总体情况

1. 北京市地区生产总值情况

2019 年，北京市地区生产总值为 35 371 亿元，同比增长 6.1%（图 9-1），在全国省会城市和直辖市中位居第二位，仅次于上海。

2. 产业结构

北京市以第三产业为主要产业，2018 年第三产业比重达 81%，第三产业增加值在全国省会城市和直辖市中居首位。三次产业构成由 2017 年的 0.4∶19.0∶80.6 变化为 0.4∶18.6∶81.0，见图 9-2。

---

① 习近平：在庆祝改革开放 40 周年大会上的讲话[EB/OL]. [2018-12-18].https://www.gov.cn/xinwen/2018-12/18/content_ 5350078.htm.

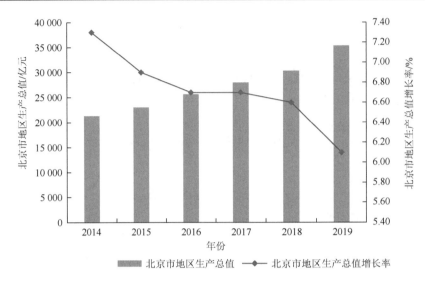

图 9-1 2014～2019 年北京市地区生产总值及其增长率

资料来源:《北京市 2019 年国民经济和社会发展统计公报》

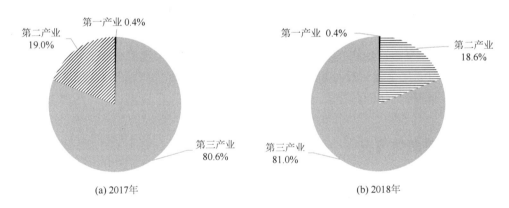

图 9-2 2017 年和 2018 年北京市产业结构图

资料来源:《北京市 2018 年国民经济和社会发展统计公报》

2018 年,第一产业增加值为 118.7 亿元,下降 2.3%;第二产业增加值为 5647.7 亿元,增长 4.2%;第三产业增加值为 24 553.6 亿元,增长 7.3%。

2011～2019 年北京市第一产业、第二产业以及第三产业的增加值占北京市地区生产总值比重的变化趋势明显。在北京市第三产业发展迅速的背景下,其产业增加值占北京市地区生产总值的比重大幅上升,2019 年已达到 83.5%。而第一产业和第二产业比重整体上呈持续下降趋势,见图 9-3。

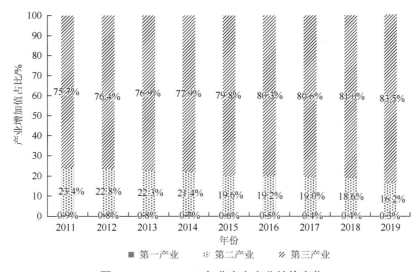

图 9-3　2011～2019 年北京市产业结构变化

资料来源：《北京统计年鉴 2019》《北京市 2019 年国民经济和社会发展统计公报》

2011～2019 年，北京市第一产业增加值呈持续下降趋势，从 2011 年的 136.3 亿元下降到 2019 年的 113.7 亿元；第二产业增加值和第三产业增加值都呈上升趋势。第三产业增加值基数以及增长幅度都远远高于第一产业和第二产业，见图 9-4。

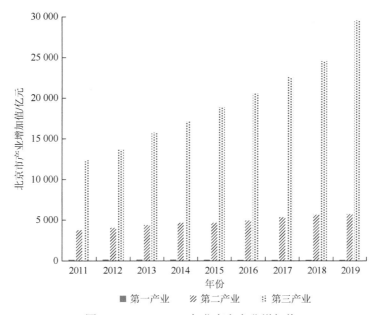

图 9-4　2011～2019 年北京市产业增加值

资料来源：2011～2019 年《北京市国民经济和社会发展统计公报》《北京统计年鉴 2019》

9.1.2　人口产业结构

1. 总体情况

根据《北京统计年鉴 2019》，2019 年末北京市常住人口为 2153.6 万人，比 2018 年末减少 0.6 万人，年增长率为–0.03%。其中，城镇人口为 1865 万人，占常住人口的比重为 86.60%，见图 9-5。

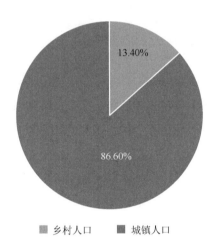

图 9-5　2019 年末北京市常住城乡人口占比

资料来源：《北京统计年鉴 2019》

2010～2014 年北京市常住人口呈持续增长趋势，且涨幅明显。2014～2019 年，北京市常住人口趋于稳定，并有下降趋势，2019 年常住人口减少到 2153.6 万人，见图 9-6。

2. 北京市人口产业结构

2010～2018 年，北京市第三产业从业人数多于第一产业从业人数和第二产业从业人数，第三产业平均从业人数为 899.3 万人，第二产业和第一产业的平均从业人数分别为 202.7 万人和 53.3 万人。北京市第三产业从业人数呈显著递增趋势，第一产业从业人数和第二产业从业人数整体上呈递减趋势，见图 9-7。

2018 年末，北京市第一产业、第二产业和第三产业的从业人员分别为 45.4 万人、182.2 万人和 1010.2 万人，分别占比 3.70%、14.70% 和 81.60%，见图 9-8。

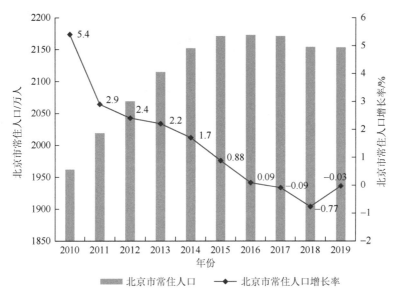

图 9-6　2010～2019 年北京市常住人口及其增长率

资料来源:《北京统计年鉴 2019》、北京市统计局的数据

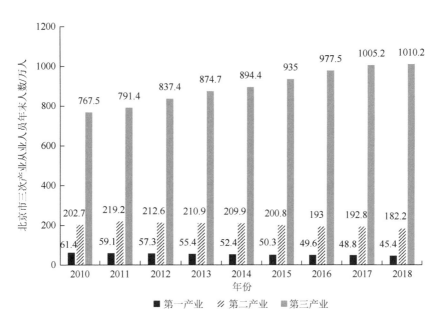

图 9-7　2010～2018 年北京市三次产业从业人员年末人数

资料来源:《北京统计年鉴 2019》

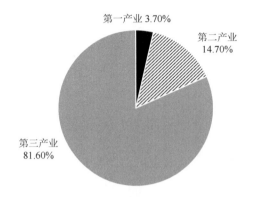

图 9-8　2018 年北京市三次产业从业人员人口结构

资料来源:《北京统计年鉴 2019》

9.1.3　北京市发电行业及碳排放主要情况

1. 北京市能源消耗的基本情况

产业结构的调整,使北京市能够以相对较小的能耗实现经济快速发展。在 2013~2018 年顺利运行的几年内,北京市每万元生产总值能耗和二氧化碳排放累计分别下降 22.5%和 28.2%,能源利用效率位居全国首位,表明利用市场手段推动节能减排已初见成效。

在 2010~2017 年间,北京市能源消费总量逐年递增。其中煤炭消费总量占能源消费总量的比重逐年递减,2010 年占比为 29.59%,2017 年占比达到最低(5.65%)。2010~2014 年间煤炭消费量处于主导地位,但近年来已渐渐失去主导地位且仍有持续下降的趋势。天然气消费总量占能源消费总量的比重整体上呈递增趋势,2010 年占比为 14.58%,2017 年达到最高的 31.80%,其消费量已处于主导地位且仍有持续上升的趋势。一次电力占能源消费总量的比重波动上升,2017 年达到 0.64%。和其他能源的消费量相比,一次电力的消费量占比最少。电力净调入、调出量占能源消费总量的比重相对稳定,保持在 25%左右,见表 9-1。

表 9-1　2010~2017 年北京市能源消费总量及构成情况

年份	能源消费总量 /万吨标准煤	占能源消费总量的比重					
		煤品/%	油品/%	天然气/%	一次电力/%	电力净调入(+)、 调出(−)量/%	其他能源/%
2010	6359.49	29.59	30.94	14.58	0.45	24.35	0.09
2011	6397.30	26.66	32.92	14.02	0.45	25.62	0.33
2012	6564.10	25.22	31.61	17.11	0.42	25.38	0.26

续表

年份	能源消费总量/万吨标准煤	占能源消费总量的比重					
		煤品/%	油品/%	天然气/%	一次电力/%	电力净调入（+）、调出（-）量/%	其他能源/%
2013	6723.90	23.31	32.19	18.20	0.35	24.99	0.96
2014	6831.23	20.37	32.56	21.09	0.41	24.03	1.54
2015	6852.55	13.68	33.54	28.97	0.40	21.55	1.86
2016	6961.70	9.81	32.93	31.68	0.66	23.20	1.72
2017	7132.84	5.65	33.80	31.80	0.64	25.99	2.12

资料来源：《北京统计年鉴 2018》。

　　2017 年，北京市的煤品消耗比重为 5.65%，油品消耗比重为 33.80%，天然气消耗比重为 31.80%，见图 9-9。根据《北京市"十三五"时期能源发展规划》，在 2020 年，煤炭消费比重要求降到 6.58%，油品消耗比重要求达到 21.05%，天然气消耗比重要求达到 30.8%，见表 9-2。

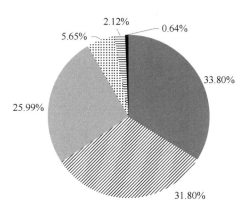

图 9-9　2017 年北京市能源消费结构

资料来源：《北京统计年鉴 2018》

表 9-2　北京市能源发展主要目标

能源总量与结构指标	2020 年指标值
能源消费总量/万吨标准煤	7600
煤炭消费量/万吨标准煤	500
煤炭消费比重/%	6.58
油品消费量/万吨标准煤	1600

续表

能源总量与结构指标	2020 年指标值
油品消费比重/%	21.05
天然气消费量/亿米³	190
天然气消费比重/%	30.8
可再生能源消费量/万吨标准煤	620
可再生能源消费比重/%	8.16
全社会用电量/（亿千瓦·时）	1100

资料来源：《北京市"十三五"时期能源发展规划》。

2. 北京市发电行业的电源结构

北京市的产业结构及能源消耗结构，使其近 70%的电力依靠周边省市调入，同时，现有的节能减排成效很大程度上依赖高能耗工业企业搬迁转产和利用天然气等清洁能源替代实现。

2017 年末，全市发电装机容量为 1219 万千瓦，水力发电 98 万千瓦，火力发电 1077 万千瓦，风力发电 19 万千瓦，太阳能发电 25 万千瓦。图 9-10 展示了 2010～2019 年北京市发电量。

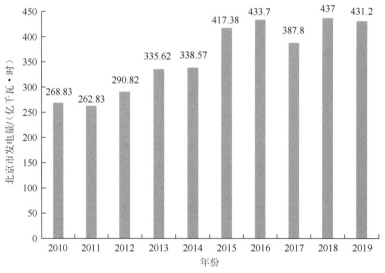

图 9-10 2010～2019 年北京市发电量

资料来源：国家统计局，前瞻数据库

2021 年北京市发电量为 459 亿千瓦·时，相比 2020 年增加了 17.7 亿千瓦·时。其中火力发电量为 444.6 亿千瓦·时，占比 96.86%；水力发电量为 12.8 亿千瓦·时，占比 2.79%；太阳能发电量为 1.5 亿千瓦·时，占比 0.33%，见图 9-11。

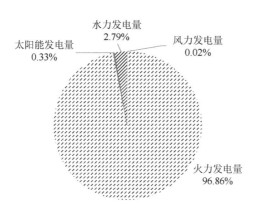

图 9-11　2021 年北京市电源结构

资料来源：国际电力网，华经产业研究院

《北京市"十三五"时期能源发展规划》中指出：2020 年，北京市形成东南西北多向送电、500 千伏双环网主网架格局，外输通道能力达到 3500 万千瓦左右。本地清洁发电装机容量达到 100%，其中可再生能源发电装机容量占比达到 15% 左右。全面关停燃煤电厂，加快完成东南热电中心新建燃气机组及配套燃气锅炉建设，四大燃气热电中心全面建成投运，实现华能电厂燃煤发电机组停机备用，本地清洁发电比例达到 100%。

2020 年，本地电源装机规模控制在 1300 万千瓦左右，清洁能源发电比例达到 100%，可再生能源发电装机容量比例达到 15% 左右。外受电达到 14 条通道 30 回路，输电能力达到 3500 万千瓦左右。年外调绿色电力总量达到 100 亿千瓦·时。全市新增光伏发电装机容量 100 万千瓦，新增太阳能集热器面积 100 万平方米。新增风力发电装机容量 45 万千瓦，总容量达到 65 万千瓦；新增生物质发电装机容量 15 万千瓦，总容量达到 35 万千瓦，见图 9-12。

3. 碳排放量现状及总体规划

从碳排放总量来看，其在 2010～2015 年间于 2012 年达到高点，年碳排放量为 15 900 万吨。到 2015 年，回落至 15 200 万吨，见图 9-13。随着经济的增长，碳排放量在这一时期内表现为先缓慢上升后有所回落的一种倒 U 形关系，这种动态关系说明经济增长与碳排放量存在一定程度上的库兹涅茨倒 U 形机制。

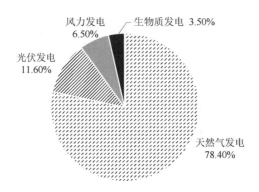

图 9-12　2020 年北京市电源结构

资料来源：《北京市"十三五"时期能源发展规划》

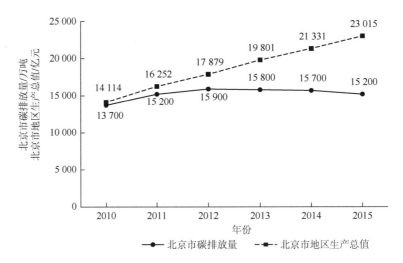

图 9-13　2010～2015 年北京市地区生产总值及碳排放量

资料来源：由《北京统计年鉴 2023》整理计算

根据《北京市"十三五"时期能源发展规划》，2020 年北京市单位地区生产总值能耗比 2015 年下降 17%。

9.2　上海市碳交易市场基本情况

上海市是中国首批沿海开放城市，是集工业、贸易、航运、金融、创新于一体的超大城市。同时，上海市也是中国的经济与金融中心，拥有中国首个自贸区"中国（上海）自由贸易试验区"，是"一带一路"的重要节点城市。

上海市是中国首批开展的碳交易试点之一，位于中国华东地区，地处长江三角洲平原东端，东濒东海，南邻杭州湾，西接江苏、浙江两省，北接长江入海口，处在中国南北弧形海岸线的中点，交通便利、腹地广阔、地理位置优越，是一个良好的江海港口。

上海市作为中华民族工业的发祥地，与江苏、浙江两省相接，共同构成了以上海为龙头的中国最大经济区"长三角经济圈"。上海市肩负着推动长三角地区一体化和长江经济带发展的重任。

上海市在全国经济建设和社会发展中也具有十分重要的地位和作用。2019 年，上海市地区生产总值在全国城市的地区生产总值中居于第一位。虽然土地面积仅占全国的 0.06%，完成的地区生产总值却占全国的 3.8%，关区进出口商品总额占全国的 21.5%。

9.2.1　经济总体情况

1. 上海市地区生产总值情况

图 9-14 展示的是 2014～2019 年上海市地区生产总值及其增长率。2014 年上海市地区生产总值为 24 068.2 亿元，2019 年为 37 987.55 亿元。2014～2019 年期间地区生产总值稳步增长，年平均增长率为 9.56%。到 2019 年，上海的经济依然保持中高速增长。地区生产总值居全国城市第一位，比第二名北京领先近 2044.2 亿元。

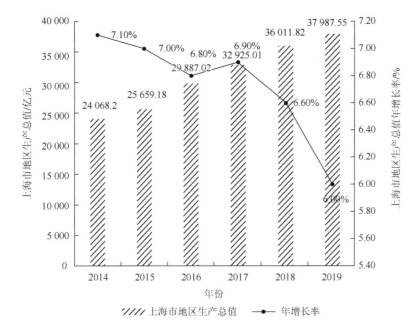

图 9-14　2014～2019 年上海市地区生产总值及其年增长率

资料来源：《2020 年上海市国民经济和社会发展统计公报》《2018 年上海市国民经济和社会发展统计公报》

需要说明的是，政府统计部门公布的结果多为名义 GDP，需要通过 GDP 平减指数将历年 GDP 数据转化为实际 GDP 数据后再进行增长率的计算。以下各节的地区生产总值年增长率都依据此过程进行计算。另外，由于上海市统计局网站历年公布的《上海市国民经济和社会发展统计公报》的数据存在不一致的情况（初步统计数和后期修订数不一致），因此图 9-14 的统计数据由《2020 年上海市国民经济和社会发展统计公报》和《2018 年上海市国民经济和社会发展统计公报》综合整理形成。

2. 产业结构

根据《2019 年上海市国民经济和社会发展统计公报》所提供的数据，2019 年，上海第三产业增加值占地区生产总值比重达到 72.70%，第二产业增加值占地区生产总值比重为 27.00%，同时，第一产业增加值占地区生产总值比重仅 0.30%。2019 年上海市产业结构如图 9-15 所示。

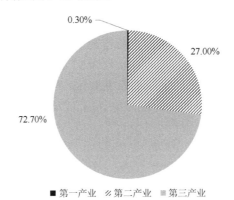

图 9-15　2019 年上海市产业结构

资料来源：《2019 年上海市国民经济和社会发展统计公报》

图 9-16 展示了 2011～2019 年上海市第一产业增加值、第二产业增加值以及第三产业增加值占地区生产总值比重的变化趋势，可以看出上海市第三产业迅速发展，第三产业增加值占地区生产总值的比重大幅上升，而第一产业和第二产业比重呈下降趋势。

其中，2011～2019 年，上海市第一产业增加值总体波动呈现下降趋势；第二产业增加值和第三产业增加值整体上都呈上升趋势，如图 9-17 所示。

2019 年，上海市第二产业增加值为 10 299.16 亿元，与去年同期相比增长 5.8%。上海的制造业地区生产总值增加意味着上海的工业力量还在加强。上海依然有着规模庞大的制造业就业缺口，提供着数以万计的基层就业岗位，而这也是上海人口流入速度高于北京的一个重要原因，即上海是一个工业和服务业齐头并进的城市，不仅高端人才有用武之地，基层制造业同样吸收了大批工人。

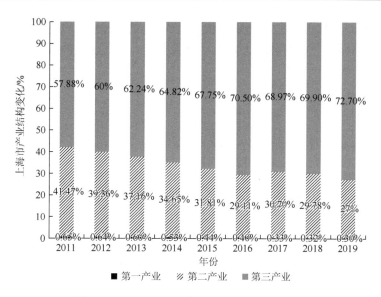

图 9-16　2011～2019 年上海市产业结构变化

资料来源：2011～2019 年《上海市国民经济和社会发展统计公报》

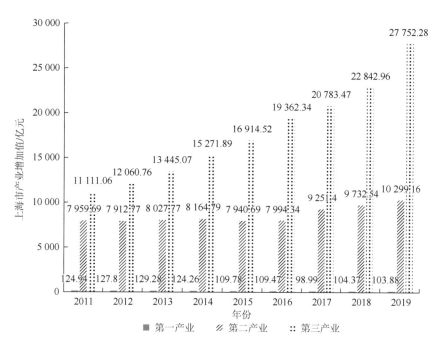

图 9-17　2011～2019 年上海市产业增加值

资料来源：2011～2019 年《上海市国民经济和社会发展统计公报》

2019 年，上海市第三产业增加值为 27 752.28 亿元，与去年同期相比增长 21.49%。信息服务业、商务服务业、科研服务业、文化创意产业等现代服务业保持快速发展势头。

9.2.2　人口产业结构

1. 人口情况

根据《2019 年上海市国民经济和社会发展统计公报》所提供的数据，2019 年末，上海全市常住人口总数为 2428.14 万人。其中，户籍常住人口为 1450.43 万人，外来常住人口为 977.71 万人。常住人口总数比 2018 年同期减少 46.86 万人，增长率为 -1.89%。图 9-18 展示了 2010～2019 年上海市常住人口变化情况，可以看出，2010～2014 年，上海市常住人口呈上升趋势；2015～2019 年，上海市常住人口在 2440 万人左右进行波动，变化不明显。

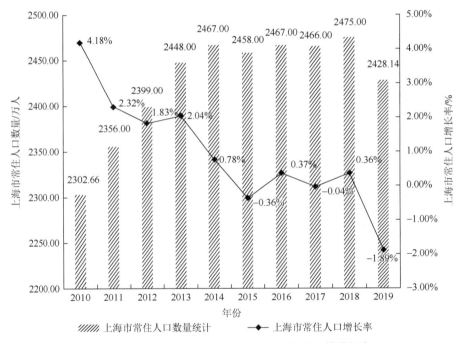

图 9-18　2010～2019 年上海常住人口数量及其增长率

资料来源：《2019 年上海市国民经济和社会发展统计公报》、聚汇数据（https://population.gotohui.com/show-17387）

2. 产业结构

《上海统计年鉴 2019》公布的数据显示，2018 年末，上海市第一产业、第二产业和第三产业的从业人员分别为 40.83 万人、422.82 万人和 912.01 万人，分别占比 3%、31%和 66%。2018 年上海市人口产业结构如图 9-19 所示。

总体来看，2010～2018 年，上海市的第一产业和第二产业从业人员总体变化不明显。但是，第三产业的人数增加较为明显，呈现逐年递增的状态，年平均增长率为 5.16%。2014 年较 2013 年猛增了近 200 万人，2014～2018 年，每年平均增加 13.6 万人。图 9-20 展示了 2010～2018 年第一产业、第二产业与第三产业从业人员数量的变化情况。

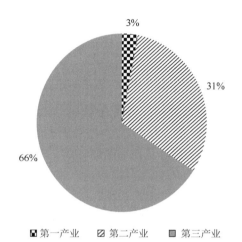

图 9-19　2018 年上海市人口产业结构

资料来源：《上海统计年鉴 2019》

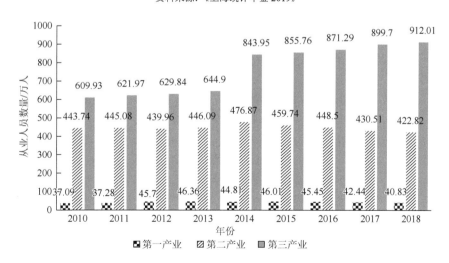

图 9-20　2010～2018 年不同产业从业人员数量

资料来源：《上海统计年鉴 2019》

9.2.3　上海市发电行业及碳排放主要情况

1. 上海市能源消耗的基本情况

产业结构的调整,使上海市能够以相对较小的能耗增幅创造较快的经济发展。根据《上海统计年鉴 2019》所提供的数据,2010~2018 年,上海市能源消费总量一直保持增长态势,单位生产总值能耗呈不断下降趋势。2018 年,上海市能源消费量为 11 453.73 万吨标准煤。其中,工业能源消费量为 5360.68 万吨标准煤,占上海市能源消费量的 46.8%。

2010~2018 年,上海市电力消费总量持续增长,而同期上海市的单位生产总值电耗不断下降。2018 年,上海市电力消费量为 1566.66 亿千瓦·时。其中,工业电力消费量为 780.21 亿千瓦·时,占上海市电力消费量的 49.8%。

《上海市"十三五"节能减排和控制温室气体排放综合性工作方案》指出,上海市将进一步降低单位生产总值能耗。《上海市节能和应对气候变化"十三五"规划》指出,2020 年实现能源消费总量净增量控制在 970 万吨标准煤以内,2020 年能源消费总量控制在 1.2357 亿吨标准煤以内;单位生产总值能耗比 2015 年下降 17%。我们查阅最新的《上海统计年鉴 2023》发现,由于 2020 年疫情的影响,上海市能源消费量净增量为–596.87 万吨标准煤,能源消费总量为 1.11 亿吨,达到了总量控制为 1.2357 亿吨标准煤的目标,但是在疫情结束后期会逐渐迎来能源消费量的新一轮增长。

2. 上海市发电行业的电源结构

根据国家统计局公布的数据,2019 年,上海市发电量为 792.6 亿千瓦·时,比去年同期下降 3.89%。图 9-21 展示了 2015~2019 年上海市发电量。其中,2019 年,火力发电量为 783.2 亿千瓦·时,占上海市总发电量的 98.81%;风力发电量为 8.9 亿千瓦·时;而太阳能发电量为 0.56 亿千瓦·时,见图 9-22。

《上海市能源发展"十三五"规划》指出,上海市将进一步优化电源结构,到 2020 年实现上海全市燃机规模达到 800 万千瓦左右,积极争取燃气轮机国家重大专项落户上海。并且在"十三五"期间,实现新增风力发电装机 80 万~100 万千瓦,总装机达到 140 万千瓦;新增太阳能发电装机 50 万千瓦,总装机达到 80 万千瓦。

3. 碳排放量现状及总体规划

总体来说,2008~2015 年,上海市能源消费碳排放量处于波动状态,但基本保持在 2.0 亿~2.4 亿吨。其中,2010 年的碳排放量较 2009 年变化幅度较大,其他年份的变化幅度均处于 10% 以内。

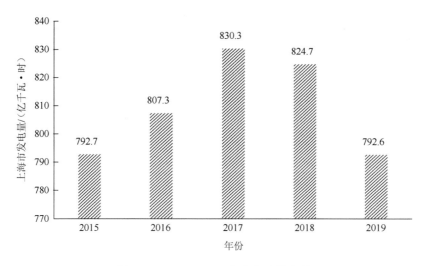

图 9-21　2015～2019 年上海市发电量

资料来源：国家统计局

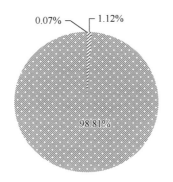

□ 风力发电　⊠ 火力发电　■ 太阳能发电

图 9-22　2019 年上海市发电结构

资料来源：国家统计局

　　从各产业碳排放量来看（表 9-3），上海市第二产业占主导地位，其排放量超过了其他产业部门排放量的总和；第三产业位居第二，在排放总量中占比约为30%；第一产业的排放量最小，占排放总量的比重不到 1%。可以看出，目前以工业等为代表的生产经营性部门所导致的碳排放量是上海市碳排放总量的主要来源。从各产业碳排放量占比的变化趋势来看，第三产业碳排放量占比从 2008 年到2015 年，由 32.3%增长到 35.6%，呈上升趋势；而同一时期，第二产业占比由 58.4%变为 54.1%，整体呈下降趋势（苏颖等，2017）。

表9-3　2008～2015年上海市能源消费碳排放量情况　（单位：万吨）

年份	第一产业	第二产业	第三产业	生活消费	总量
2008	156.97	12 283.85	6 804.70	1 799.15	21 044.67
2009	126.25	11 682.08	6 911.93	1 783.97	20 504.23
2010	129.79	13 662.88	7 488.19	1 947.43	23 228.29
2011	135.42	14 013.35	7 595.29	2 125.68	23 869.74
2012	140.43	13 252.42	7 762.67	2 205.35	23 360.87
2013	148.55	13 347.20	7 790.68	2 340.30	23 626.73
2014	133.94	11 943.69	7 443.35	2 001.36	21 522.34
2015	132.08	11 783.25	7 743.89	2 122.20	21 781.42

资料来源：苏颖，廖振良，朱小龙. 碳交易总量控制视角下的上海碳排放现状研究[J]. 能源环境保护，2017，31（5）：55-60.

上海市按照《上海市能源发展"十三五"规划》，继续采取减缓气候变化和适应气候变化等一系列措施。"十三五"时期上海市能源发展主要目标，见表9-4。

表9-4　"十三五"时期上海市能源发展主要目标

项目分类	指标	2015 年	2020 年
总量控制	全社会能源消费总量/万吨标准煤	11 388	12 500
	全社会用电量/（亿千瓦·时）	1 406	1 560
结构优化	煤炭占一次能源消费比重/%	36	33 左右
	天然气占一次能源消费比重/%	10	12
	非化石能源占一次能源消费比重/%	约 13	14 左右
	本地非化石能源占一次能源消费比重/%	约 0.7	1.5 左右
	本地可再生能源发电装机比重/%	约 4.7	10 左右
安全保障	中心城区及重点区域供电可靠性/%	99.984	99.993
	电网负荷备用率/%	14.4	10～15
节能环保	火电供电标准煤耗/（克标准煤/（千瓦·时））	300	296
	电网线损率/%	6.12	5.85
	天然气产销差率/%	4.9	4.7
	煤电二氧化硫排放浓度/（毫克/米^3）	42.8	35
	煤电氮氧化物排放浓度/（毫克/米^3）	93.9	50

资料来源：《上海市能源发展"十三五"规划》。

9.3　天津市碳交易市场基本情况

天津市是中华人民共和国直辖市、国家中心城市，是集环渤海地区经济中心、全国先进制造研发基地、北方国际航运核心区、金融创新运营示范区、改革开放先行区、中国中医药研发中心、亚太区域海洋仪器检测评价中心于一体的超大城市。

天津自古因漕运而兴起，是中蒙俄经济走廊主要节点、海上丝绸之路的战略支点，是中国北方最大的港口城市、首批沿海开放城市，亚欧大陆桥最近的东部起点，也是"一带一路"交汇点和重要节点城市。

天津地处华北平原东北部，全市土地总面积 11 966.45 平方千米，海岸线长约 153 千米，所辖传统海域面积约 3000 平方千米，属暖温带、半湿润、大陆性季风气候，四季分明，自然生态资源丰富。

天津市是中国首批开展的碳交易试点之一。天津市致力于协同京津冀城市群共同发展，进一步强化本市在城市群中的门户与枢纽作用，并在现有的基础上更加完善空间格局，提升在国家交通枢纽城市中的地位，大力发展铁路建设与旅游服务业，逐步增强城市影响力。在发展中，同时需要提升碳减排的能力，在经济水平发展的同时，也要落实相应的环境政策。

9.3.1　经济总体情况

1. 天津市地区生产总值情况

在中国，天津市的经济总量一直位于北方城市前列。从 2014 年到 2018 年，仅仅用了四年时间，天津市的地区生产总值就上升了 3078 亿元，经济发展处于上升趋势。2019 年，天津市坚持稳中求进发展经济，高质量发展扎实推进，动能转换步伐加快，市场活力不断释放，人民生活水平持续提升。

根据天津市统计局网站提供的数据，2019 年，天津市地区生产总值为 14 104.28 亿元，按可比价格计算，比上年增长 4.8%。其中，第一产业增加值为 185.23 亿元，增长 0.2%；第二产业增加值为 4969.18 亿元，增长 3.2%；第三产业增加值为 8949.87 亿元，增长 5.9%。图 9-23 展示的是 2014～2019 年天津市地区生产总值及其增长率。按可比价格计算，天津市这五年的地区生产总值不断提升，增长率经历 2014～2017 年的降低后，2018 年到 2019 年开始呈现小幅回升的趋势，天津市的经济继续呈现出"稳中向前"的大好局势。

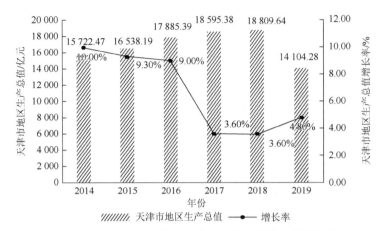

图 9-23　2014～2019 年天津市地区生产总值及其增长率

资料来源：依据 2015～2020 年《天津市国民经济和社会发展统计公报》整理

政府统计部门公布的结果多为名义地区生产总值，需要通过地区生产总值平减指数将历年地区生产总值数据转化为实际地区生产总值数据后再进行增长率的计算

2. 产业结构

天津市的主要产业为第二产业与第三产业。目前天津市第一产业的占比趋于平稳；第二产业的占比逐年降低，已由 2013 年的 50.6%下降到 2019 年的 35.2%；第三产业的占比逐年上升，已由 2013 年的 48.1%上升到 2019 年的 63.5%。第一、第二、第三产业构成由 2013 年的 1.3∶50.6∶48.1 变为 2019 年的 1.3∶35.2∶63.5。2019 年天津市第三产业的增长值为 8949.87 亿元，见图 9-24、图 9-25。

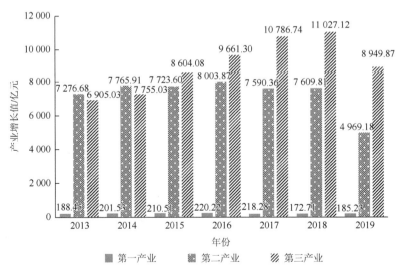

图 9-24　2013～2019 年天津市产业增长值

资料来源：2013～2019 年《天津市国民经济和社会发展统计公报》

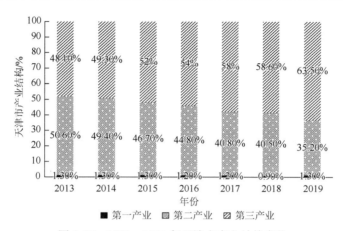

图 9-25　2013～2019 年天津市产业结构变化

资料来源：2013～2019 年《天津市国民经济和社会发展统计公报》

9.3.2　人口产业结构

1．人口情况

天津市是中国的人口大市，截至 2019 年末，天津全市常住人口为 1561.83 万人，比上年末增加 1.83 万人。其中外来人口为 499.01 万人，占全市常住人口的 31.95%。常住人口中，城镇人口为 1303.82 万人，城镇化率为 83.48%。年末全市户籍人口为 1108.18 万人。图 9-26 展示了 2012～2019 年天津市总人口变化及人口增长率变化。

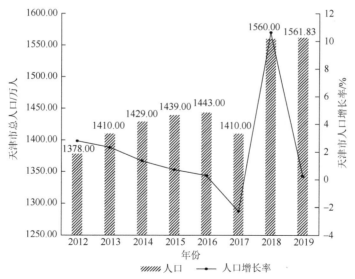

图 9-26　2012～2019 年天津市总人口变化及人口增长率变化

资料来源：国家统计局

2. 产业结构

2018 年末天津市第一产业、第二产业和第三产业的社会从业人员分别为 60.07 万人、285.02 万人和 551.47 万人。由图 9-27 可知，天津市第三产业从业人员占比最高，达 61.51%，第二产业从业人员占比位居第二，为 31.79%，第一产业从业人员占比最少，仅为 6.70%。总体来看，2010～2018 年，天津市的第一产业从业人员人数变化不明显，第二产业从业人员先逐年递增，到 2013 年增至最多后逐年递减，第三产业从业人员呈现逐年递增的状态，如图 9-28 所示。

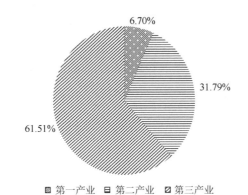

图 9-27　2018 年天津市人口产业结构

资料来源：《2018 年天津市国民经济和社会发展统计公报》

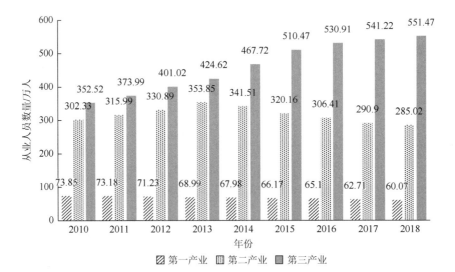

图 9-28　2010～2018 年天津市三次产业从业人员数量

资料来源：《天津统计年鉴 2019》

9.3.3　天津市发电行业及碳排放主要情况

1. 天津市能源消费的基本情况

通过不断进行产业结构的优化升级，天津市的能源消费量得到了有效的控制。2010～2016 年天津市能源消费总量一直保持增长态势，2017 年有所下降；与此同时，天津市的单位生产总值能耗在不断下降。2017 年，天津市能源消费量为 8011.04 万吨标准煤。其中，工业能源消费量为 5209.2 万吨标准煤，占天津市能源消费量的 65%。2013～2017 年，天津市的煤炭消费量逐年降低，煤油、柴油、天然气的消费量持续递增，其中煤油与天然气的增加量较为突出，煤油由 2013 年的 56.12 万吨标准煤上升到了 2017 年的 101.50 万吨标准煤；天然气由 2013 年的 37.27 亿米^{3}上升到了 2017 年的 82.31 亿米^3。

2013～2016 年天津市电力消费总量一直保持增长态势，2017 年有所下降；而天津市的单位生产总值电耗在持续下降。2017 年，天津市电力消费量为 857.00 亿千瓦·时。其中，工业电力消费量为 557.94 亿千瓦·时，占天津市电力消费量的 65.1%，见表 9-5。2017 年天津市能源消费结构如图 9-29 所示。

表 9-5　2013～2017 年天津市能源消费总量及构成情况

年份	能源消费总量/万吨标准煤	煤炭/万吨标准煤	焦炭/万吨标准煤	原油/万吨标准煤	燃料油/万吨标准煤	汽油/万吨标准煤	煤油/万吨标准煤	柴油/万吨标准煤	天然气/亿米^3	电力/（亿千瓦·时）
2013	7881.83	5278.67	955.48	1759.15	86.93	212.24	56.12	324.65	37.27	794.48
2014	8145.6	5027.28	954.39	1609.17	78.20	226.82	59.85	334.43	45.09	823.94
2015	8260.13	4538.83	904.69	1616.72	94.14	263.73	65.78	353.43	63.62	851.13
2016	8244.68	4230.16	887.29	1433.60	45.33	274.49	82.02	370.35	74.06	861.60
2017	8011.04	3875.61	808.70	1624.85	40.68	273.47	101.50	352.32	82.31	857.00

资料来源：《天津统计年鉴 2018》。

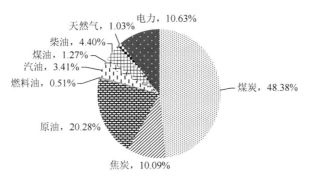

图 9-29　2017 年天津市能源消费结构

资料来源：《天津统计年鉴 2018》

《天津市节能"十三五"规划》指出,天津市将推动低能耗产业发展,加快调整优化产业结构,提出了2020年天津市全市单位生产总值能耗比2015年下降17%的"十三五"节能总体目标,以及工业、建筑、交通、公共机构等重点行业的节能指标。具体指标见表9-6。

表9-6 天津市"十三五"时期能源发展主要目标

类别		指标	单位	2015年	2020年	年均增长	属性
总量目标	能源总量	能源消费总量	万吨标准煤	8260	9300	2.4%	约束性
		一次能源消费总量	万吨标准煤	6762	11193	10.6%	预期性
	煤炭	煤炭消费量	万吨	4539	控制在国家要求以内		约束性
	石油	石油消费量	万吨	1732	1980	2.7%	预期性
	天然气	天然气消费量	亿米³	64	128	14.9%	预期性
	非化石	非化石能源消费量	万吨标准煤	211	500	18.8%	预期性
	电力	全社会用电量	亿千瓦·时	801	970	3.9%	预期性
结构目标	生产结构	非化石能源发电装机比重	%	3.8	10	21.4%	预期性
	一次能源消费结构	煤炭比重	%	50	45	−2.1%	预期性
		天然气比重	%	12.6	15	3.5%	预期性
		非化石能源比重	%	3	4	5.9%	预期性
效率目标	能源效率	单位生产总值能耗	吨标准煤/万元	0.499	0.414	−3.7%	约束性
	电力效率	供电煤耗	克/(千瓦·时)	317	305	−0.80%	预期性
		电网综合线损率	%	5.80	5.40	−1.4%	预期性
环境保护	能源	单位生产总值碳排放	吨/万元			−20.5%	约束性
	10万千瓦以上煤电机组排放	二氧化硫浓度	毫克/米³		35		约束性
		氮氧化物浓度	毫克/米³		50		约束性

资料来源:《天津市节能"十三五"规划》。

2. 天津市发电行业的电源结构

天津市产业结构逐渐优化调整,天津电力市场的交易规模在不断扩大,交易体系也逐渐趋于完善,在电力市场保持稳定发展的趋势下,电源结构进一步得到调整和升级。

1）现阶段发电情况

2019 年天津市发电量为 713 亿千瓦·时，相比 2018 年增长了 13.7 亿千瓦·时。其中火力发电量为 701.8 亿千瓦·时，占比 98.43%；风力发电量为 8.4 亿千瓦·时，占比 1.18%；太阳能发电量为 2.7908 亿千瓦·时，占比 0.39%。图 9-30 展示了 2019 年天津市发电电源结构。

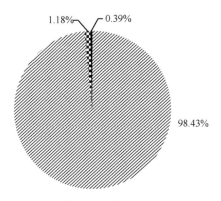

图 9-30　2019 年天津市发电电源结构

资料来源：国家统计局、华经产业研究院的数据

2013～2017 年天津市发电量波动较为平稳，而 2018 年与 2019 年发电量增长迅猛，见图 9-31。

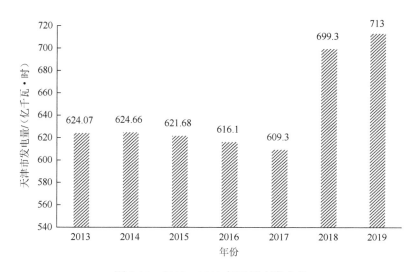

图 9-31　2013～2019 年天津市发电量

资料来源：国家统计局

截至 2019 年底，天津地区的总装机容量为 1792.24 万千瓦，其中，燃煤机组装机 1178.90 万千瓦，占比 65.78%，燃气机组装机 376.30 万千瓦，占比 21.00%，生物质发电装机 16.08 万千瓦，占比 0.90%，风电装机 59.90 万千瓦，占比 3.34%，水电装机 0.58 万千瓦，占比 0.03%，光伏装机 160.48 万千瓦，占比 8.95%，如图 9-32 所示。

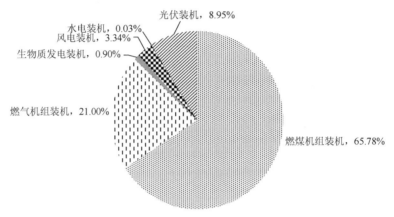

图 9-32　2019 年天津市装机容量总体情况

资料来源：国家统计局

2）电力市场未来发展目标

《天津市电力发展"十四五"规划》指出，优化电源结构，提升清洁能源的比重仍是工作的重中之重。该规划指出，到 2025 年，天津市电力装机达到 2600 万千瓦，外受电能力力争达到 1000 万千瓦，煤电装机稳定在 1250 万千瓦以内；可再生能源装机超过 800 万千瓦，占总装机比重达到 30% 左右。

3. 碳排放量现状及总体规划

从碳排放总量来看，天津市碳排放总量在 2005～2008 年间呈缓慢上升的趋势，到 2009 年碳排放量激增到 156.49 兆吨，并在 2009～2014 年间维持在 130～150 兆吨的区间内。直到 2015 年，碳排放总量下降到 82.40 兆吨。

天津市的碳排放量较高，从 2005 年起，就达到了 89.59 兆吨。2005～2008 年天津市的碳排放总量整体上缓慢上升，并在 2009 年达到了最高的增长量 63.79 兆吨。2009～2014 年，天津市的碳排放量维持在 130～160 兆吨，碳排放总量始终维持在高碳排放量的水平。自 2014 年之后，碳排放量开始出现递减的趋势，见图 9-33。

天津市的碳排放量持续增加，与其地区生产总值的增长是分不开的。随着天津市的经济发展，碳排放量也增加了。近几年，随着天津市进行产业结构的优化升级以及能源方面的调节，碳排放量得到了有效的控制。

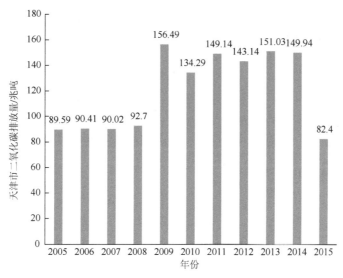

图 9-33　2005～2015 年天津市碳排放量

资料来源：http://www.ceads.net

按照《天津市电力发展"十四五"规划》，天津市将继续推进节能减排，坚持绿色低碳转型发展，到 2025 年全市煤电机组平均供电煤耗不高于 292 克标准煤/（千瓦·时）。煤电机组在有效防范化解煤电产能过剩风险的同时，还应深入推进节能减排以实现机组清洁、高效发展。

9.4　湖北省碳交易市场基本情况

湖北省，简称"鄂"，地处华中、长江和汉江两大水系交汇处，是长江经济带重要的省份之一。湖北省省内经济发展水平差异较大，与全国总体情况有相似之处，对开展全国碳交易市场的建设具有一定的示范意义。作为中国的老工业基地以及"中部崛起"的战略支点，湖北省已形成了以汽车、冶金、机械、能源、轻纺、化工、建材为支柱的门类比较齐全的工业体系，并拥有一批实力雄厚、在全国占有重要位置的重点行业。

湖北省北接河南省，东连安徽省，东南与江西省相接，南邻湖南省，西靠重庆市，西北与陕西省交界，作为中国重要的水、陆、空交通枢纽，湖北省铁路干线、水运航道、民用航线四通八达，湖北省不仅名列中国内河航运最发达的省区之列，还是世界范围内的重点航空运输中心。

湖北省水力资源充沛，省内除长江、汉江贯通全省外，还有众多的湖泊，号称千湖之省。水资源方面可供开发的水能装机 3310 万千瓦，居全国第四，举世闻名的葛洲坝、丹江口等水利枢纽工程均在湖北省境内。

9.4.1 经济总体情况

湖北省处于长江经济带、京广沿线经济带的中接点上，属中部崛起带的核心，凭借其在全国经济发展格局中承东启西、接南转北的战略支点优势，以及对周边经济区的辐射与吸纳优势，充分发挥辐射积聚的经济拉动作用，大力发展经济，逐渐呈现出速度快、结构优、效益高、活力强的经济发展态势。

1. 湖北省地区生产总值情况

湖北省作为中部地区经济发展较快的省份，其 2019 年完成生产总值 45 828.31 亿元，在我国 31 个省区市（由于数据可得性，不包含港澳台地区）中排名前 7 位，在长江经济带沿线 11 个省区市中，位居江苏、浙江、四川之后排第 4 位，在中部各省中排名仅次于河南省，居第 2 位。由图 9-34 可知，湖北省 2019 年生产总值较 2018 年增长 7.50%，增速远超全国平均水平，在全国经济普遍放缓的大背景下，湖北延续了"高于全国、中部靠前"的发展势头。

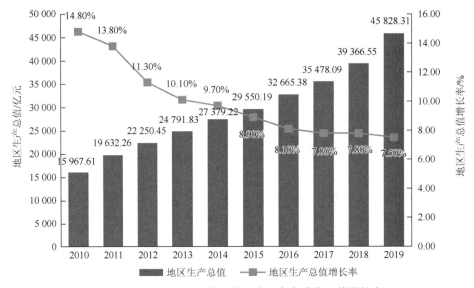

图 9-34 2010～2019 年湖北省地区生产总值及其增长率

资料来源：《湖北统计年鉴 2019》《2019 年湖北省国民经济和社会发展统计公报》
政府统计部门公布的结果多为名义地区生产总值，需要通过地区生产总值平减指数将历年地区生产总值数据转化为实际地区生产总值数据后再进行增长率的计算

2. 产业结构

2019 年湖北省第一产业完成增加值 3809.09 亿元，增长 3.2%；第二产业完成

增加值 19 098.62 亿元,增长 8.0%;第三产业完成增加值 22 920.60 亿元,增长 7.8%,
三次产业结构由 2018 年的 9.01∶43.41∶47.58 调整为 8.31∶41.67∶50.02,见
图 9-35。由图 9-35 可知,随着湖北省产业结构的不断调整完善,湖北省地区生产
总值逐渐实现了由第二产业为主导向第二产业和第三产业齐头并进发展的转变,
以 2017 年为节点,第三产业跃居首位成为支撑湖北省经济发展的最大支柱产业,
如图 9-36、图 9-37 所示。

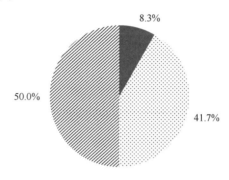

图 9-35　2019 年湖北省产业结构

资料来源:《2019 年湖北省国民经济和社会发展统计公报》

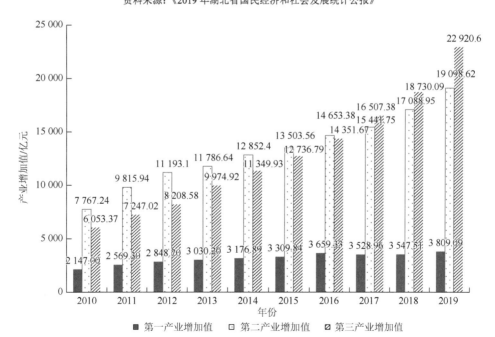

图 9-36　2010～2019 年湖北省产业增加情况

资料来源:《湖北统计年鉴 2019》《2019 年湖北省国民经济和社会发展统计公报》

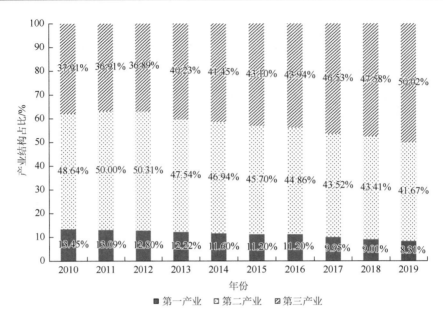

图 9-37　2010～2019 年湖北省产业结构变化

资料来源:《湖北统计年鉴 2019》《2019 年湖北省国民经济和社会发展统计公报》

　　湖北省 2019 年工业增加值累计增长 7.8%,钢铁、化工、水泥、汽车制造、电力、冶金等重化工行业仍在湖北省经济发展中扮演着重要角色。工业的持续发展进一步带动了工业用电量的增长,2019 年湖北省工业用电达到 1311.84 亿千瓦·时,增长 4.61%。

　　从图 9-38 及表 9-7 中可以看出,2019 年湖北省第一产业用电量为 22.68 亿千瓦·时,占湖北省累计用电量的 1.02%;第二产业用电量为 1346.38 亿千瓦·时,

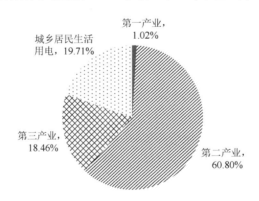

图 9-38　2019 年湖北省全社会用电量

资料来源:湖北省发展和改革委员会.2019 年全省电力运行情况[EB/OL]. [2020-02-21].
https://fgw.hubei.gov.cn/fgjj/sjsfg/sjs/202002/t20200221_2143989.shtml

占湖北省累计用电量的 60.8%；第三产业用电量为 408.78 亿千瓦·时，占湖北省累计用电量的 18.46%；城乡居民生活用电量为 436.46 亿千瓦·时，占湖北省累计用电量的 19.71%。湖北省第二产业用电量为社会用电量最大主体，而第二产业中又以工业用电量为主，2019 年工业累计用电量 1311.84 亿千瓦·时，达到了第二产业用电量的 97.43%。从工业内部主要行业来看，全年采矿业用电 44.85 亿千瓦·时，增长 8.54%；制造业用电 949.92 亿千瓦·时，增长 3.32%；电力热力燃气及水的生产和供应业全年用电 317.07 亿千瓦·时，增长 8.08%，制造业用电增长是拉动工业用电增长的主要动力。

表 9-7　2018～2019 年湖北省用电情况

用电情况	2018 年	2019 年	新增用电量	增长率
全社会用电量/（亿千瓦·时）	2071.43	2214.3	142.87	6.90%
第一产业用电量/（亿千瓦·时）	20.29	22.68	2.39	11.78%
第二产业用电量/（亿千瓦·时）	1284.63	1346.38	61.75	4.81%
第三产业用电量/（亿千瓦·时）	371.48	408.78	37.3	10.04%
城乡居民生活/（亿千瓦·时）	395.03	436.46	41.43	10.49%
工业累计用电量/（亿千瓦·时）	1254.07	1311.84	57.77	4.61%
采矿业/（亿千瓦·时）	41.32	44.85	3.53	8.54%
制造业/（亿千瓦·时）	919.4	949.92	30.52	3.32%
电力热力燃气及水的生产和供应业/（亿千瓦·时）	293.36	317.07	23.71	8.08%

资料来源：湖北省发展和改革委员会. 2019 年全省电力运行情况[EB/OL]. [2020-02-21]. https://fgw.hubei.gov.cn/fgjj/sjsfg/sjs/202002/t20200221_2143989.shtml.

9.4.2　人口产业结构

1. 人口情况

湖北省 2018 年末常住人口为 5917 万人，其中，城镇人口为 3567.95 万人，乡村人口为 2349.05 万人。由图 9-39、表 9-8 可知，2011～2018 年湖北省城镇人口逐年增加，常住人口年均增长率保持在 0.39%，总体上湖北省常住人口呈逐年增长趋势，城乡结构不断优化，城镇化质量持续提高。

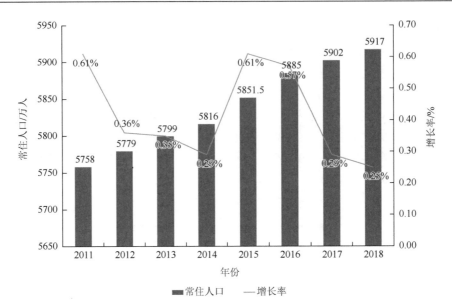

图 9-39　2011～2018 年湖北省人口总数及增长率

资料来源：根据国家统计局网站公布的数据整理

表 9-8　2011～2018 年湖北省常住人口数量

年份	乡村人口/万人	城镇人口/万人	常住人口/万人
2011	2773.68	2984.32	5758
2012	2687.23	3091.77	5779
2013	2637.97	3161.03	5799
2014	2578.20	3237.80	5816
2015	2524.92	3326.58	5851.5
2016	2465.81	3419.19	5885
2017	2402.11	3499.89	5902
2018	2349.05	3567.95	5917

资料来源：根据国家统计局网站公布的数据整理。

2. 产业结构

2018 年末，湖北省从业人员 3580 万人，其中，第一产业从业人员 1216 万人；第二产业从业人员 840 万人；第三产业从业人员 1524 万人。由图 9-40 可知，湖北省第三产业从业人员占比最高，达 42.57%，第一产业从业人员占比 33.97%，位居第二，第二产业从业人员占比 23.46%，人员占比最少。由表 9-9、图 9-41 可知，2011～2018 年湖北省从业人员总量变化不大，第一产业从业人员逐年减少，第二产业、第三产业从业人员整体上逐年增加，呈现第一产业从业人员向第二产业、第三产业流动的趋势，且第三产业从业人员增量明显高于第二产业。

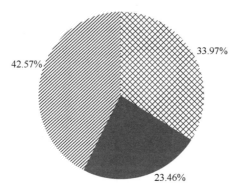

☒ 第一产业从业人员　■ 第二产业从业人员　☑ 第三产业从业人员

图 9-40　2018 年湖北省从业人员按产业情况划分

资料来源:《湖北统计年鉴 2019》

表 9-9　2011～2018 年湖北省分产业从业人员数量

年份	第一产业从业人员/万人	第二产业从业人员/万人	第三产业从业人员/万人	湖北省从业人员/万人
2011	1678.1	771.12	1222.78	3672
2012	1638.9	781.6	1266.5	3687
2013	1582	793.8	1316.2	3692
2014	1487	834.3	1366.2	3687.5
2015	1404	834	1420	3658
2016	1338	837	1458	3633
2017	1278	839	1493	3610
2018	1216	840	1524	3580

资料来源:《湖北统计年鉴 2019》。

9.4.3　湖北省发电行业及碳排放主要情况

1. 湖北省能源消费的基本情况

根据"十二五"发展情况,由表 9-10 可知,2015 年湖北省一次能源消费总量约为 1.64 亿吨标准煤,2010～2015 年的年均增长率为 5.15%。其中,煤炭消费占比 55.9%,较"十一五"期间下降 7.6 个百分点,石油、天然气、非化石能源占比分别为 22%、3.4%、18.7%,较"十一五"期间分别增长 5 个百分点、1.9 个百分点、0.7 个百分点。全社会电力消费 1665 亿千瓦·时,年均增长 4.60%。根据《关于印发湖北省能源发展"十三五"规划的通知》,电力装机总规模达到 6410.8 万千瓦,比"十一五"期末新增 1503.1 万千瓦。"两纵两横"为主干的天然气管网设施进一步完善,天然气消费量达到 42.5 亿米 [3],年均增长 18.4%。

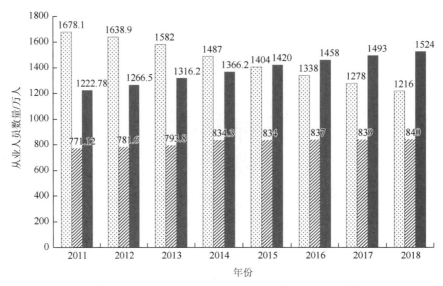

图 9-41　2011～2018 年湖北省从业人员数量

资料来源：《湖北统计年鉴 2019》

表 9-10　湖北省"十二五"能源消费情况

能源消费情况	2010 年	2015 年	年均增长
能源消费总量 /万吨标准煤	12 764	16 404	5.15%
煤炭占比	63.5%	55.9%	−2.52%
石油占比	17%	22%	5.29%
天然气占比	1.5%	3.4%	17.78%
非化石能源占比	18%	18.7%	0.77%
全社会用电量/（亿千瓦·时）	1 330	1 665	4.60%

资料来源：《湖北省能源发展"十三五"规划》。

2. 湖北省发电行业的电源结构

1）装机容量

湖北省 2019 年发电总装机容量为 7862.06 万千瓦，较 2018 年增加 461.01 万千瓦，其中，水电 3678.51 万千瓦，占 46.79%；火电 3156.83 万千瓦，占 40.15%；风电 405.28 万千瓦，占 5.15%；太阳能 621.43 万千瓦，占 7.90%（由于各项数据都进行了四舍五入处理，可能会出现数据之和不严格等于总容量及占比之和不严格等于 100%的情况）。由表 9-11 可知，与 2018 年同期相比，湖北省水电机组容量占比下降，火电机组容量占比提高了 1.18 个百分点，风电、太阳能装机容量占全省总装机容量的 13.05%，较去年底提高了 1.68 个百分点。由图 9-42 可知，2019 年湖北省以水电、太阳能、风电为主的新能源装机容量与火电装机容量之比为 1.49：1，电源结构不断得到优化。

表 9-11　2018～2019 年湖北省发电装机容量分布情况

装机容量分布情况	2018 年	2019 年	新增装机容量
发电总装机容量/万千瓦	7401.05	7862.06	461.01
火电/万千瓦	2884.29	3156.83	272.54
水电/万千瓦	3675.22	3678.51	3.29
风电/万千瓦	331.19	405.28	74.09
太阳能/万千瓦	510.35	621.43	111.08

资料来源：湖北省发展和改革委员会. 2019 年全省电力运行情况[EB/OL]. [2020-02-21].https://fgw.hubei.gov.cn/fgjj/sjsfg/sjs/202002/t20200221_2143989.shtml.

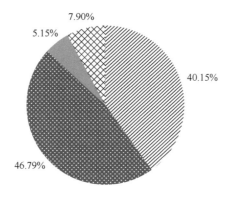

图 9-42　2019 年湖北省发电装机容量结构

资料来源：湖北省发展和改革委员会. 2019 年全省电力运行情况[EB/OL]. [2020-02-21].
https://fgw.hubei.gov.cn/fgjj/sjsfg/sjs/202002/t20200221_2143989.shtml

2）发电量

湖北省 2019 年全年全口径发电量为 2972.87 亿千瓦·时，同比增长 4.27%。其中水电 393.16 亿千瓦·时，同比下降 14.52%。火电 1485.31 亿千瓦·时，同比增长 17.27%。火力发电量占全省全社会发电量的 49.96%，其稳定出力有力支撑了湖北省电力的正常供应。

湖北省水电站发电量约 1000 亿千瓦·时，其中约 83%外送至华东、广东和华中其他省消纳，外送容量占全省水电装机比重约 60%，外送电量接近全省水力发电量的 58.95%。在清洁经济的水电站电量大规模外送的同时，为了满足中长期用电需求，湖北省需要从省外再购入外电，迂回的电力流向既不利于节能环保，又提高了购电成本。

3）发展目标

根据《湖北省能源发展"十三五"规划》，由表 9-12 及表 9-13 可以看出，2020 年湖北省电源装机总规模达到 8400 万千瓦，其中非化石能源发电装机 4810 万千瓦，占比达 57.3%。新能源发电装机规模快速增长，风电、太阳能发电合计达850 万千瓦。全社会用电量 2300 亿千瓦·时，年均增长 6.68%。全社会最大负荷4450 万千瓦，年均增长 7.99%。人均用电量 3900 千瓦·时，年均增长 6.51%，逐步缩小与全国平均水平的差距。

表 9-12 湖北省电源结构"十三五"发展目标

电源结构	2015 年	2020 年	年均增速	"十三五"预计增量
总装机/万千瓦	6411	8400	5.55%	1989
煤电/万千瓦	2434	3290	6.21%	856
气电/万千瓦	77	300	31.26%	223
常规水电/万千瓦	3526	3733	1.15%	207
抽蓄/万千瓦	127	127	0	0
生物质发电/万千瓦	64	100	9.34%	36
风电/万千瓦	135	500	29.94%	365
太阳能发电/万千瓦	48	350	48.79%	302

资料来源：《湖北省能源发展"十三五"规划》。

表 9-13 湖北省负荷水平"十三五"发展目标

用电量	2015 年	2020 年	年均增速
全社会用电量/（亿千瓦·时）	1665	2300	6.68%
全社会最大负荷/万千瓦	3030	4450	7.99%
人均用电量/（千瓦·时）	2845	3900	6.51%

资料来源：《湖北省能源发展"十三五"规划》。

3. 碳排放量现状及总体规划

1）碳排放情况

"十二五"期间湖北省单位地区生产总值能耗累计下降 22.78%，单位地区生产总值二氧化碳排放累计下降 20.1%。煤电机组供电标准煤耗累计下降 28 克/（千瓦·时），2015 年全省发电行业二氧化硫、氮氧化物等主要大气污染物排放总量较 2010 年分别下降 47.8%、68.3%。

从行业来看，湖北省碳排放主要来自工业、建筑业、农业、交通运输业、服务业和其他行业，工业碳排放占湖北省碳排放的七成以上，对湖北省碳排放起主要影响作用，见表 9-14。

表 9-14　2010～2015 年湖北省不同行业碳排放占比情况　（单位：%）

年份	工业	建筑业	农业	交通运输业	服务业	其他
2010	76.00	0.90	0.95	9.88	7.80	4.47
2011	79.66	1.12	1.47	8.02	6.63	3.10
2012	78.02	1.04	1.64	8.98	7.11	3.20
2013	77.75	1.25	1.42	8.95	7.11	3.51
2014	77.22	1.31	1.73	9.40	6.78	3.55
2015	73.87	1.68	1.86	11.1	7.84	3.65

资料来源：邓逸."十三五"时期湖北省碳排放控制目标研究[J].安徽农业科学，2017，45（1）：4.
注：由于各项数据需进行四舍五入处理，所以存在占比之和不严格等于 100%的情况。

从能源结构来看（表 9-15），全省碳排放主要由煤品、油品和天然气构成，其中煤品碳排放占主导地位，其次是油品，天然气比例较小。"十二五"期间，湖北省煤品碳排放占比有所下降，油品、天然气碳排放占比呈上升趋势。

表 9-15　2010～2015 年湖北省不同能源品种碳排放占比情况

年份	煤品/%	油品/%	天然气/%
2010	84.85	14.25	0.90
2011	87.40	11.47	1.13
2012	83.87	14.69	1.44
2013	83.58	15.33	1.10
2014	81.35	16.77	1.89
2015	80.08	17.03	2.89

资料来源：邓逸."十三五"时期湖北省碳排放控制目标研究[J]. 安徽农业科学，2017，45（1）：4.
注：由于各项数据需进行四舍五入处理，所以存在占比之和不严格等于 100%的情况。

2）"十三五"规划目标

湖北省在"十二五"能源发展的基础上，结合地区经济发展及能源环保等因素，"十三五"规划提出能源煤炭消费比重降至 54%以内，石油、天然气占一次能源消费比重分别达到 23.8%和 6%，非化石能源占一次能源消费比重达 15.5%以上；单位地区生产总值能耗累计下降 16%，煤电机组平均供电煤耗降至 310克标准煤/（千瓦·时）以内；单位地区生产总值二氧化碳排放累计下降 19.5%；煤炭生产退出国民经济产业序列的发展战略，湖北省碳排放控制目标实现难度进一步加大。

9.5　重庆市碳交易市场基本情况

重庆，简称渝或巴，是中华人民共和国中西部唯一的直辖市、国家中心城市、超大城市、国际大都市，长江上游地区的经济、金融、科技创新、航运和商贸物流中心，西部大开发重要的战略支点、"一带一路"和长江经济带重要联结点以及内陆开放高地。

重庆市位于中国西南地区，地处中国内陆西南部，东邻湖北、湖南，南靠贵州，西接四川，北连陕西。总面积 8.24 万平方千米。作为直辖市，重庆市与其他三个直辖市相比是有很大不同的。重庆市的总面积达到了 8.24 万平方千米，远远超过其他三个直辖市；同时重庆也是西南地区唯一的直辖市，是国家中心城市西部大开发非常重要的战略支点。

重庆是西南地区最大的工商业城市，国家重要的现代制造业基地。有国家级重点实验室 8 个、国家级工程技术研究中心 10 个、高校 67 所，还有中国（重庆）自由贸易试验区、中新（重庆）战略性互联互通示范项目、两江新区、渝新欧国际铁路等战略项目。

随着近些年中国的产业转移，重庆市的经济发展不断提速，逐渐成为区域经济发展的核心。重庆作为中西部唯一的直辖市及全国首批城乡统筹发展试验区，面临着保持经济高速发展和减少资源消耗的双重重任。

9.5.1　重庆市地区生产总值情况

重庆市作为中西部地区唯一的直辖市，经济始终保持着良好的向上势头。重庆市统计局的报告显示，重庆市 2019 年实现地区生产总值 23 605.77 亿元，同比增长 6.30%，见图 9-43。2019 年重庆第一产业实现增加值 1551.42 亿元，与上年相比增长 3.6%；第二产业实现增加值 9496.84 亿元，增长 6.4%；第三产业实现增加值 12 557.51 亿元，增长 6.4%。全员劳动生产率为 12.8 万元/人，比上年增长 6.5%。重庆市人均地区生产总值达到 7.6 万元，增长 5.4%。总体来看，重庆市经济持续稳定，经济发展总体来看质量效益较好，城乡居民收入稳定。

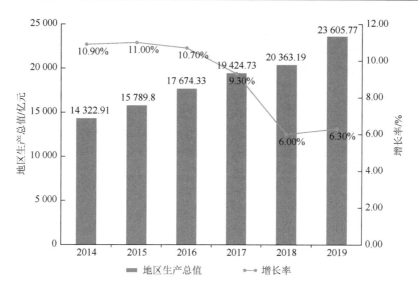

图 9-43　2014～2019 年地区生产总值及其增长率

资料来源：《2018 年重庆市国民经济和社会发展统计公报》，《2019 年重庆市国民经济和
社会发展统计公报》，重庆市统计局

政府统计部门公布的结果多为名义地区生产总值，需要通过地区生产总值平减指数将历年地区生产总值数据转化
为实际地区生产总值数据后再进行增长率的计算

9.5.2　人口产业结构

重庆市 2019 年常住人口为 3124.32 万人，比上年增加 22.53 万人。其中城镇人口 2086.99 万人，占常住人口的比重（常住人口城镇化率）为 66.80%，比上年提高 1.3 个百分点，见图 9-44。全年外出市外人口 474.02 万人，市外外来人口 182.05 万人。重庆市在 2019 年全年人口自然增长率为 2.91‰，与上一年相比下降 0.95 个千分点。

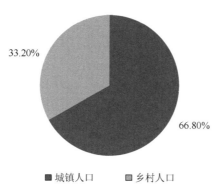

图 9-44　2019 年末常住城乡人口结构

资料来源：《2019 年重庆市国民经济和社会发展统计公报》，重庆市统计局

对比图 9-45 可以发现，重庆市在 2010～2018 年期间户籍数和户籍人口的变动相对平缓。以 2010 年为基准，2018 年户籍数增加了 114.58 万户，增长率为 9.92%。2018 年重庆市户籍人口增加了 100.19 万人，增长率为 3.03%。与上一年相比，重庆市户籍人口首次出现下滑发生在 2015 年，这与 2014 年全国性的经济增速放缓有关。结合表 9-16 可以看出，在 2010～2018 年期间重庆市农业人口一直呈现减少的趋势，而非农业人口则一直呈现上升的趋势。从这个趋势可以判断出，重庆很快便从 2014 年的经济振荡中跳脱出来，随着非农业人口的持续增加，重庆市相应从事第二产业、第三产业的人员也在持续增加，这说明重庆仍然是西南地区经济增长的主要动力。

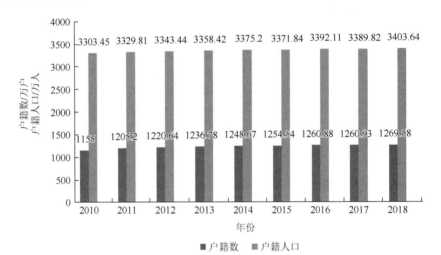

图 9-45　重庆市 2010～2018 年人口总数（户籍统计）

资料来源：《重庆统计年鉴 2019》，重庆市统计局

表 9-16　重庆市 2010～2018 年总人口数（户籍统计）

年份	户籍数 /万户	户籍人口 /万人	户籍男性 人口/万人	户籍女性人口 /万人	农业人口 /万人	非农业 人口/万人
2010	1155	3303.45	1709.03	1594.42	2196.45	1107.00
2011	1205.20	3329.81	1720.53	1609.28	2052.17	1277.64
2012	1220.64	3343.44	1725.87	1617.57	2026.19	1317.25
2013	1236.78	3358.42	1731.82	1626.60	2014.37	1344.05
2014	1248.67	3375.20	1738.87	1636.33	2003.08	1372.12
2015	1254.54	3371.84	1736.49	1635.35	1980.82	1391.02
2016	1260.88	3392.11	1745.24	1646.87	1776.60	1615.51
2017	1260.93	3389.82	1741.13	1648.69	1753.01	1636.81
2018	1269.58	3403.64	1745.88	1657.76	1747.92	1655.72

资料来源：《重庆统计年鉴 2019》。

近年来，重庆市产业结构一直在不断进行调整和升级，2014～2019 年重庆市第一产业、第二产业以及第三产业增加值占地区生产总值比重的变化趋势明显，第一产业与第二产业所占比重逐渐减小，第三产业所占比重逐渐增加。2019 年，第一产业、第二产业和第三产业增加值分别占比 6.57%、40.23% 和 53.20%，如图 9-46～图 9-47 所示。其中第二产业，特别是工业中的高能耗钢铁、石化等重化工业在产业结构中所占的比重高，温室气体排放量大。重庆市温室气体排放量的增高与近年来逐步形成的以第二产业为主导的经济发展格局密切相关。

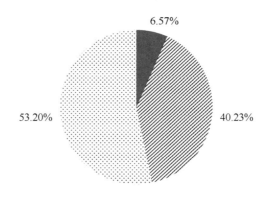

图 9-46　2019 年重庆市三大产业增加值占比

资料来源：根据重庆市统计局公布的数据整理

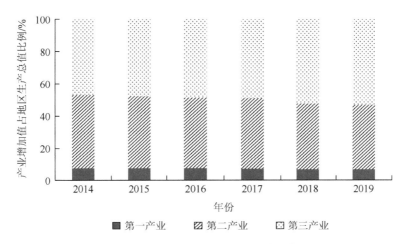

图 9-47　重庆产业增加值占地区生产总值比例

资料来源：根据重庆市统计局公布的数据整理

9.5.3　重庆市发电行业及碳排放主要情况

1. **重庆市能源消费的基本情况**

重庆市能源资源较为有限，目前初步形成了以电力为中心、煤炭为基础、天然气为补充的能源保障体系。近年来，重庆的能源消费总体呈上升趋势，能源强度逐渐下降；同时单位地区生产总值能耗逐年降低。如图 9-48 所示，在 2018 年重庆市的能源消费结构中，煤炭消费量以 54%的比例占据大半份额，达到了 4050.94 万吨标准煤（表 9-17）。而重庆市本地的煤炭资源禀赋较为匮乏，外购煤炭资源便成为支撑当地经济发展的主要方式。2019 年全年规模以上工业综合能源消费量比上年增长 4.3%，其中六大高能耗行业综合能源消费量增长 4.7%。单位工业增加值能耗下降 1.8%，全社会用电量增长 3.7%[①]。

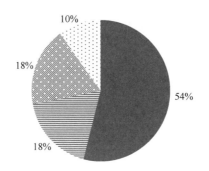

图 9-48　2018 年重庆市能源消费结构

资料来源：《重庆统计年鉴 2019》，重庆市统计局

表 9-17　2014～2018 年能源消费情况

年份	能源消费总量/万吨标准煤	煤炭消费总量/万吨标准煤	天然气消费总量/万吨标准煤	油料消费总量/万吨标准煤	一次电力及其他能源消费总量/万吨标准煤
2014	6603.61	3983.97	937.46	887.81	794.37
2015	6924.77	3994.40	1008.76	999.15	922.46
2016	7099.71	3830.26	1019.61	1084.27	1165.57
2017	7251.58	3899.16	1087.18	1139.04	1126.20
2018	7452.71	4050.94	1323.39	1347.72	730.66

资料来源：《重庆统计年鉴 2019》。

---

①资料来源：《2019 年重庆市国民经济和社会发展统计公报》。

重庆市能源需求结构以煤炭、天然气、油料和电力为主，外购电力及水电等清洁能源发电为辅。煤炭是重庆市能源消费的重要组成部分，当地煤炭资源分布广泛，但是煤质不高、含硫高、灰分大，煤层的赋存条件普遍较差，也导致煤炭需求量大。从温室气体排放来看，重庆市一次能源燃烧过程排放占绝大部分，外购电力、工业过程等排放的增长较快。从表 9-18 可以看出，六大高排放产业能源消费占重庆市工业能源消费的比重均达到 85% 以上，而工业能源消费占能源消费总量的最低比例是 65.8%，为 2016 年的 5442.11 万吨标准煤，因此控制温室气体排放首先需要重点关注六大高排放产业，按照"抓大放小"的实施思路才能使碳减排起到预期的效果。

表 9-18　工业能源消费情况

年份	重庆市能源消费总量/万吨标准煤	重庆工业/万吨标准煤	六大高排放产业/万吨标准煤	六大高排放产业占工业比重/%
2010	5810.82	4795.75	4261.35	88.86
2011	6426.95	5259.09	4677.2	88.94
2012	6798.25	5052.85	4512.74	89.31
2013	7253.91	5296.08	4721.54	89.15
2014	7693.96	5565.33	4982.59	89.53
2015	8068.14	5586.74	4900.63	87.72
2016	8271.97	5442.11	4742.43	87.14

资料来源：《重庆统计年鉴 2018》。

2.　重庆市发电行业的电源结构

重庆电网是"川电东送"的中枢电网，在跨区、跨省电能交易中发挥着重要作用。2018 年，重庆全社会用电量为 1114.47 亿千瓦·时，比上年增长 11.83%，高于全国平均增速（8.49%）3.34 个百分点（列全国第 4 位）。重庆市 2018 年发电量为 754.2 亿千瓦·时，比上年增长 6.39%；外购电量为 264.1 亿千瓦·时，比上年增长 12.8%。其中，计划内外购电完成 193.6 亿千瓦·时，如图 9-49 所示，占比为 73.31%；计划外增购电完成 70.5 亿千瓦·时，占比为 26.69%。2019 年，重庆市全社会电力消费量达到 1160.19 亿千瓦·时，在直辖市中历史上首次超过天津市（964.30 亿千瓦·时）[①]。

2018 年重庆市新增装机 48.9 万千瓦，其中包括水电 2 万千瓦、火电 1.9 万千瓦、风电 17 万千瓦、太阳能 28 万千瓦。2019 年，重庆市电力消费量为 1160.19 亿千瓦·时，同比增长 4.1%，火力发电量占绝对主导，发电量为 554.85 亿千瓦·时，

---

① 资料来源：《重庆统计年鉴 2021》。

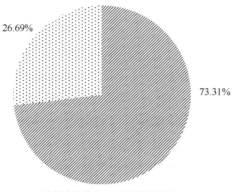

图 9-49　2018 年重庆市计划内外购电及计划外增购电量比例
资料来源:《重庆统计年鉴 2019》

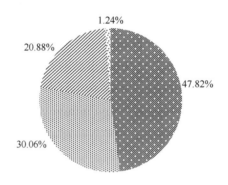

图 9-50　2019 年重庆市电源结构
资料来源:《重庆统计年鉴 2020》

占消费量的 47.82%（图 9-50）。外省净调入电量为 348.74 亿千瓦·时，占消费量的 30.06%；水力发电量为 242.27 亿千瓦·时，占消费量的 20.88%；风力及其他形式的能源发电占比很小，为 1.24%。2020 年，重庆市电力消费量为 1186.52 亿千瓦·时，火力发电量为 541.49 亿千瓦·时，外省净调入电量为 346 亿千瓦·时，水力发电量为 281 亿千瓦·时，风力及其他形式的能源发电量为 18.03 亿千瓦·时[①]。

　　在市场交易方面，2018 年，重庆电力交易中心组织开展了电力用户年度双边协商、季度双边协商、月度竞价、月度挂牌、发电权转让、外送电交易、电厂合同电量转让等多种电力交易。

――――――――
①资料来源:《重庆统计年鉴 2021》。

在节能减排方面，2018 年 1～9 月，重庆市完成发电权交易 22.38 亿千瓦·时（跨区跨省 10.93 亿千瓦·时、市内 11.45 亿千瓦·时），其中关停机组 11.28 亿千瓦·时。累计减少电煤消耗约 38.72 万吨，减少二氧化碳排放 100.67 万吨，减少二氧化硫排放 524.16 吨。全年累计消纳清洁能源 360.8 亿千瓦·时，同比增长 9.4%，其中新能源 14.38 亿千瓦·时，同比增长 23.54%。

2020 年，重庆市清洁能源（水电、风电、太阳能发电）装机占比按照 32.3%计算，重庆市全市燃煤发电机组平均发电标准煤耗降至 310 克/（千瓦·时），新建燃煤机组平均煤耗低于 300 克/（千瓦·时）。重庆市将持续改造不合理的电网结构，合理安排运行方式，提升电网的经济运行水平，力争电网综合线损率降至 6.9%以下[①]。

3. 重庆市碳交易市场现状及总体规划

2016 年 9 月 1 日，重庆电力交易中心正式挂牌，是国家电网区域内第一家多个主体参与的交易机构。交易首日，达成市场化交易合同电量 34 亿千瓦·时。交易成交发电企业 9 家，成交电力用户 145 家。通过直接交易，减少客户用电成本 3.3 亿元。2018 年，重庆市分别在 5 月、8 月、11 月三次放宽用户参与直接交易准入条件。受该政策带动，2018 年末交易平台注册市场成员达到 2626 家，同比增加 1.6 倍，其中电力用户 2469 家，增加 1541 家；发电企业 37 家，增加 19 家；售电公司 120 家，增加 44 家。

截至 2019 年，重庆完成了五次履约，在不断尝试中积累碳交易市场的运行经验。重庆市碳交易市场自开市以来处于相对不活跃状态，这与重庆市碳交易市场配额分配先松后紧的特征有关。重庆市碳交易市场 2017 年出现了交易量猛增的现象，一改往年低迷的市场表现，但之后两年的交易量又逐渐下降，且活跃度极低，重又陷入低迷。重庆市的碳交易量在各试点碳交易市场的交易总量中占比一直较低。

从交易活跃度来看，重庆市碳交易市场的交易活跃度从 2017 年之后开始持续下降，只有在 2017 年相对比较活跃，其余年份的活跃度不到 1%。从成交价格变化趋势和波动性来看，重庆市碳交易市场的成交价格差异较大，2014～2017 年成交价格总体呈先下降后上升趋势，2016 年第四季度有所回升，之后又开始下降，2016 年底价格为 39 元/吨左右，2017～2019 年呈波动下降趋势，2019 年底的价格约为 35 元/吨。此外，重庆市碳交易市场的履约信息披露情况存在一定欠缺（王科和刘永艳，2020）。

随着各试点碳交易市场的发展，北京、深圳、上海、湖北、广东等碳交易所做了不少碳金融产品创新的探索，除了碳期货等少数产品外，碳交易类、碳融资类、

---

① 资料来源：《2018 年度重庆市电力市场交易信息报告》。

碳支持类等产品都有涉及。但是，由于市场发育不完全以及政策不完善，重庆试点碳金融产品的交易和使用并不活跃，碳金融产品种类也较为单一。重庆市在发展碳金融产品的进展上与上述试点碳交易市场处于割裂状态，并且缺乏有力的社会资金支持。

9.6 广东省碳交易市场基本情况

广东，简称粤，是中华人民共和国省级行政区，省会广州。广东是岭南文化的重要传承地，是中国的南大门，处于南海航运枢纽位置上，是海上丝绸之路的发源地。改革开放后，广东成为中国对外开放的窗口，为中国引进了西方的经济、技术。

广东省地处中国大陆的最南部，与香港、澳门、广西、湖南、江西及福建接壤，与海南隔海相望。地理位置优越，交通便利。下辖地级市 21 个、市辖区 65 个、县级市 20 个、县 34 个、自治县 3 个。

广东省地区生产总值已连续多年居全国第一位，是中国第一经济大省，经济总量占全国的 1/8。2018 年末，全省地区生产总值达 9.73 万亿元。广东省的经济综合竞争力居全国第一，从建省至 2016 年，广东省的高新技术企业数已达到 19 857 家，总量居全国第一。

广东省是中国的南大门，2017 年国务院印发《粤港澳大湾区发展规划纲要》。该政府规划指出，广东将与香港、澳门联手打造粤港澳大湾区，成为与纽约湾区、旧金山湾区、东京湾区并肩的世界四大湾区之一。

9.6.1 经济总体状况

1. 广东省地区生产总值情况

广东省作为中国第一经济大省，经济始终保持着高水平且上升的势头。广东省统计局的报告显示，2018 年广东省实现了地区生产总值 99 945.22 亿元，同比增长 6.80%。2013~2019 年，广东省地区生产总值呈现出逐年增加的趋势，增长率整体上呈递减的状态，具体数据如图 9-51 所示。

2. 产业结构

2018 年，广东省的第一产业增加值为 3831.44 亿元，比上年增长 4.2%；第二产业增加值为 40 695.15 亿元，比上年增长 5.9%；第三产业增加值为 52 751.18 亿元，比上年增长 7.8%。2018 年，广东人均地区生产总值达到 86 412 元。总体来看，广东省经济发展仍处于全国领先地位并不断向上推进，经济发展总体质量良好，城乡居民收入稳定。

图 9-51　2013～2019 广东省地区生产总值及其增长率

资料来源：《2020 年广东省国民经济和社会发展统计公报》

政府统计部门公布的结果多为名义地区生产总值，需要通过地区生产总值平减指数将历年地区生产总值数据转化为实际地区生产总值数据后再进行增长率的计算

如图 9-52 所示，2014～2019 年，广东省第三产业的占比整体上处于逐年增加的状态，第二产业的占比整体上处于逐年递减的状态，第一产业在前四年基本保持不变，但在 2018 年，第一产业的占比也有着相对的减少。

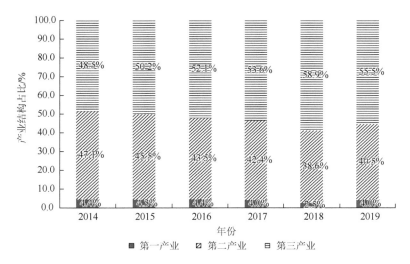

图 9-52　2014～2019 年广东省产业结构变化

资料来源：2014～2019 年《广东省国民经济和社会发展统计公报》

2019 年，广东省在优化营商环境、强化市场监管、防范市场风险、规范市场秩序、助推高质量发展等方面取得了良好的成效。截至 2019 年 12 月底，广东省实有各类市场主体 1253.3 万户，同比增长 9.4%，市场主体数量连续 7 年位居全国第一。日均新增企业 2785 户，实有各类市场主体 1253.3 万户，每千人拥有企业数 46 户。食品抽检 67.4 万批次，合格率 98.0%；《专利合作条约》国际专利累计申请量 17.5 万件，占全国总量的 51.8%。

广东省非常重视工业方面的发展。2018 年，广东省规模以上高技术制造业增加值比上年增长 9.5%，占规模以上工业增加值比重为 31.5%。其中，正在进行产业升级的工业产品也在快速增长，智能电视、新能源汽车、集成电路、工业机器人等产品产量分别增长 17.0%、76.3%、12.9%、51.8%。

9.6.2 人口产业结构

1. 人口情况

广东省 2019 年常住人口为 11 521.00 万人，比上年末增加 175 万人。其中城镇人口为 8225.99 万人，占常住人口比重（常住人口城镇化率）为 71.40%，比上年末提高了 0.7 个百分点，如图 9-53 所示。广东省 2019 年的自然增长人口为 92.38 万人，自然增长率为 8.08‰。

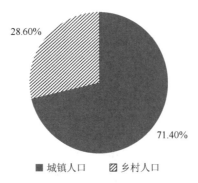

图 9-53 2019 年末常住城乡人口结构

资料来源：《2019 年广东省国民经济和社会发展统计公报》

广东省从 2013 年至 2019 年，人口逐年增加，且增长速度呈现上升趋势。这也给广东省经济的发展奠定了良好和雄厚的人力资源基础，如图 9-54 和表 9-19 所示。

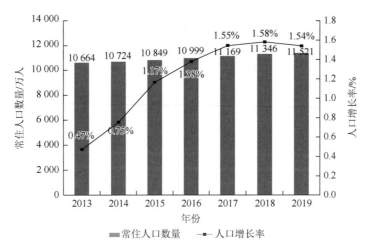

图 9-54　2013～2019 年广东省常住人口数量以及人口增长率

资料来源：《2019 年广东省国民经济和社会发展统计公报》

表 9-19　广东省 2010～2019 年常住人口构成　　（单位：万人）

年份	常住人口总数	常住人口男性	常住人口女性	农业人口	非农业人口
2010	10 440.94	5 444.95	4 995.99	6 908.77	3 532.17
2011	10 505.01	5 557.15	4 947.86	6 985.83	3 519.18
2012	10 594.00	5 572.44	5 021.56	7 140.36	3 453.64
2013	10 644.00	5 545.52	5 098.48	7 212.37	3 431.63
2014	10 724.00	5 676.21	5 047.79	7 292.32	3 431.68
2015	10 849.00	5 672.94	5 176.06	7 454.35	3 394.65
2016	10 999.00	5 763.48	5 235.52	7 611.31	3 387.69
2017	11 169.00	5 862.61	5 306.39	7 801.55	3 367.45
2018	11 346.00	5 920.34	5 425.66	—	—
2019	11 521.00	6 022.03	5 498.97	—	—

2. 产业结构

《2019 年广东省国民经济和社会发展统计公报》公布的数据显示，在 2019 年产业结构中，第三产业的占比最大，高达 55.5%；第二产业的占比为 40.5%，同样也占据了较大比重；最少的第一产业，占比仅仅为 4%。具体数据如图 9-55 所示。

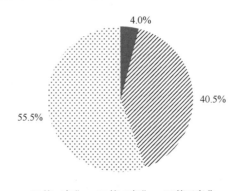

图 9-55　2019 年广东省产业结构

资料来源：《2019 年广东省国民经济和社会发展统计公报》

9.6.3　广东省发电行业及碳排放主要情况

1. 广东省能源消费的基本情况

广东省能源资源较充足，形成了以电力消费为中心、天然气消费为基础的能源保障体系。近几年，广东省的能源消费保持着稳定增长，处于全国领先的位置。

2019 年，广东全省能源消费总量约为 3.41 亿吨标准煤，其中天然气为 251 亿米^3，成品油为 3448 万吨，全社会用电量达到 6696 亿千瓦·时。

广东省的能源需求结构主要以煤炭、天然气、油品以及电力为主，其中电力包括接收外省输入的电力以及利用可再生能源等非化石能源电力。如图 9-56 所示，煤炭是广东省能源消费的主要组成部分，占比达到 39.5%。广东省的煤炭资源并

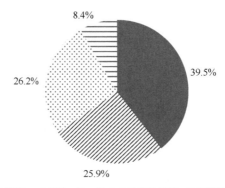

图 9-56　2017 年广东省能源结构

资料来源：《广东统计年鉴 2018》

不充足，主要是靠华北、西北地区来进行输送。在 2017 年的能源结构中，原油和一次电力及其他能源的占比相近，均达到 26%左右，但是广东省并非产油大省，因此广东省的原油大多来自其他省份的供给和海外进口。在近几年，广东省正在加快能源结构调整，严格控制煤炭消费量，积极拓展天然气消费市场，提高天然气的消费比重。与此同时，加速发展核电、可再生能源等非化石能源，适量加大西电的接收量。

广东省的能源消费总量也是位于全国前列的。2013～2017 年，广东省的能源消费总量处于逐年递增的状态。其中，原煤以及原油的消费总量占据能源消费的一大部分，如表 9-20 所示。以 2017 年广东省的工业能源消费情况为例，从表 9-21 可以看出，制造业消耗了最多的能源，为 16 288.63 万吨标准煤。其次是交通运输、仓储及邮政业，消耗 3607.82 万吨标准煤。第三是电力、燃气及水的生产和供应业，消耗 2371.51 万吨标准煤。因此聚焦电力及相关行业的减碳行动，不仅可以直接促进发电行业的清洁发展，更能带动其他用能行业的间接减排。

表 9-20　2013～2017 年广东省能源消费量

年份	能源消费总量/万吨标准煤	原煤消费总量/万吨标准煤	原油消费总量/万吨标准煤	天然气消费总量/万吨标准煤	一次电力及其余能源消费总量/万吨标准煤
2013	24 930.93	11 567.95	6 756.28	1 620.51	4 986.19
2014	25 636.29	11 203.06	6 819.25	1 743.27	5 870.71
2015	25 662.31	10 855.16	7 005.81	1 642.39	6 158.95
2016	27 157.90	10 781.69	7 224.00	2 199.79	6 952.42
2017	28 728.12	11 347.61	7 440.58	2 413.16	7 526.77

资料来源：《广东统计年鉴 2018》。

表 9-21　2017 年广东省工业能源消费情况　（单位：万吨标准煤）

采矿业	制造业	建筑业	交通运输、仓储及邮政业	电力、燃气及水的生产和供应业
203.20	16 288.63	767.84	3 607.82	2 371.51

资料来源：《广东统计年鉴 2018》。

2. 广东省发电行业的电源结构

1）现阶段发电情况

广东省 2019 年全社会用电量累计达 6695.85 亿千瓦·时，同比增长 5.89%，增速高于全国平均水平，广东省全社会用电量持续领跑全国。

从产业结构上来看，第一产业用电量同比增长 3.04%；第二产业用电量同比增长 3.30%，第三产业用电量同比增长 12.47%；城乡居民生活用电量同比增长 8.47%，各产业用电占比见图 9-57。

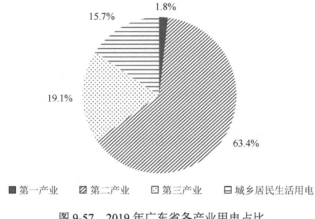

图 9-57 2019 年广东省各产业用电占比

资料来源：中国储能网

从供应上来看，火电占绝对主导地位，同时外受电量的比重也在不断提高，外受电量的同比增长也达到了 8.7%。广东省截至 2018 年底，统调装机容量 1.17 亿千瓦，同比增长 8.2%。其中，火电装机容量 7922.9 万千瓦（占比 68.0%）；水电装机容量 919.0 万千瓦（占比 7.9%）；核电装机容量 1330.0 万千瓦（占比 11.4%）；并网风电装机容量 359.3 万千瓦（占比 3.1%）；并网太阳能装机容量 227.4 万千瓦（占比 2.0%）。2020 年的发电装机容量与 2018 年相比，火电（包括煤电和气电）的整体装机容量占比为 65.8%，压减比例达到 2.2%，压减效果较为显著。可再生能源发电的装机容量占比明显提高，以并网风电为例，其装机容量比例提升到了 4.3%，见图 9-58。

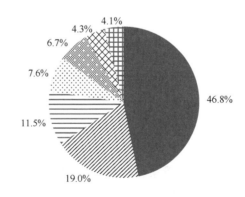

图 9-58 2020 年广东省内发电装机容量结构

资料来源：广东电力交易中心

2)"十三五"广东省能源与电源规划

在"十三五"规划中，广东省优化能源结构是重点工作之一，严格控制新增煤炭消费，大力发展绿色能源，建立清洁低碳、高效安全的能源体系，"十三五"时期广东省能源发展主要目标如表 9-22 所示。

表 9-22　"十三五"时期广东省能源发展主要目标

项目分类	指标内容	发展目标
能源结构	能源消费总量	控制在 3.38 亿吨标准煤以内，"十三五"时期年均增长 2.3%
	煤炭消费	约 1.65 亿吨，力争实现全省煤炭消费零增长
	石油消费	约 5000 万吨，年均增长约 1%
	天然气消费	约 280 亿立方米，年均增长 14.1%，比 2015 年翻一番
	用电量	约 6700 亿千瓦·时，年均增长约 5%
电源结构	电源装机容量	约 1.34 亿千瓦
	煤电容量	约 6400 万千瓦，占 47.8%，比 2015 年下降 11.2 个百分点
	气电容量	约 2300 万千瓦，占 17.2%，比 2015 年提高 2.6 个百分点
	核电容量	约 1600 万千瓦，占 11.9%，比 2015 年提高 3.5 个百分点
	水电容量	约 1570 万千瓦，占 11.7%，比 2015 年下降 2 个百分点
	西电东送能力	约 4000 万千瓦，比 2015 年提高 500 万千瓦

资料来源：《广东省能源发展"十三五"规划》。

3. 碳排放量现状及总体规划

2012 年初，广东与北京、天津、深圳等七个省市一起被列为中国开展碳排放权交易工作的试点城市，以此逐步建立国内碳排放交易市场。2012 年 9 月 11 日，广州碳排放权交易中心正式挂牌，成为国内首个碳排放交易市场。2013 年 12 月 16 日，广州碳排放权交易中心成功举行广东省首次碳排放配额有偿发放，成为至今全国唯一采用碳排放配额有偿分配的试点。同年 12 月 19 日，广东省正式启动碳排放权交易，交易平台为广州碳排放权交易中心，交易品种包括碳排放权配额和经批准的其他交易品种。到目前为止，广州碳排放权交易中心的总成交量已经突破了 5000 万吨，总成交额已经超过了 10 亿元，位于全国首列。

广东省在碳配额分配方面，采取以免费分配为主、有偿分配为辅的方式。从交易情况总体来看，广东省是碳成交总量最大的试点市场，碳生产力居全国前列，并且广东省在不断进行能源结构的升级，在节能减排方面不断进行创新，现有的减排技术也是十分先进的。但是，广东省对企业的减排约束力度有限，以及部分企业减排的诚信问题，导致广东省的碳交易市场仍存在一些不足。从交易方式上看，广东省碳交易方式单一，未能有效地与其他产业相结合，未能建立一个全面有效的碳交易市场交易体系。

随着各试点碳交易市场的发展，碳交易市场与金融市场的结合也越来越多。广东省的碳交易市场在这一方面也相当活跃。2016 年 4 月，广州碳排放权交易中心上线了全国唯一的为绿色低碳行业提供全方位金融服务的平台——"广碳绿金"，有效整合了与绿色金融相关的信贷、债券、股权交易、基金、融资租赁和资产证券化等产品，打造出多层次绿色金融产品体系。目前，也正在打造以直接投融资、银行贷款、碳指标交易等一系列金融衍生品为支撑的碳金融体系。

通过对 2013～2017 年各省市碳交易市场的成交情况进行比较可以看出，广东省的配额总量居全国首位，成交总量也是位于前列，但成交率处于较低水平。

广东省作为中国第一经济大省，因其经济规模而消费大量能源。能源消费的主体是工业行业，广东省的工业发展水平一直处于国内领先水平。近些年，广东省致力于先进制造业以及高技术制造业的发展，不断优化自身的产业结构。但是，重工业的发展仍在广东省的发展中占据主体地位。重工业的能源消费主要是化石原料的消费，其中以煤炭、油料等原料为主，这也是广东省碳排放的主要源头。

近几年，广东省的产业结构一直进行着调整与升级。第一产业、第二产业、第三产业的产值都在不断地提高，第三产业的提升速度高于第一产业与第二产业，第三产业产值所占比重也在不断提升。再加上广东省实施低碳能源政策，限制煤炭的使用，大力发展核电以及可再生能源等非化石能源，广东省的碳排放基本得到了控制，碳排放也逐渐向好的方向转变。

第10章 试点地区碳交易市场政策与实践

10.1 北京市碳交易市场政策与实践

10.1.1 控排范围与政策法规

1）初期控排范围

2013～2014 年，北京市重点排放单位主要为热力生产和供应、火力发电、水泥制造、石化生产、其他工业以及服务业等行业，这些单位的固定设施年直接与间接排放二氧化碳 1 万吨（含）以上。2013 年度纳入重点排放单位 415 家，2014 年度新增重点排放单位至 543 家。

2）控排范围调整

2016 年起，北京市重点排放单位的覆盖范围调整为：行政区域内的固定设施和移动设施，年二氧化碳直接与间接排放总量为 5000 吨（含）以上，且在中国境内注册的企业、事业单位、国家机关及其他单位。2016 年北京市碳交易市场扩容后新增了 430 家重点排放单位。2017 年北京市拥有 943 家重点排放单位和 621 家报告单位。北京市碳交易市场控排范围如表 10-1 所示。

表 10-1 北京市碳交易市场控排范围

年份	配额总量	区域范围	控排行业	控排门槛
2013～2015 年	约 0.5 亿吨	北京市行政区域内固定设施	电力热力、水泥、石化、其他工业企业、服务业，543 家	重点排放单位 1 万吨二氧化碳
2016～2018 年		北京市行政区域内固定设施和移动源排放	电力热力、水泥、石化、其他工业企业、服务业、城市轨道交通、公共电汽车客运，943 家重点排放单位和 621 家报告单位	重点排放单位 5000 吨二氧化碳

资料来源：《北京碳市场年度报告 2018》。

3）碳交易相关的政策法规

北京、上海和深圳都采用"1 + 1 + N"的形式。北京和深圳的"1 + 1 + N"政策体系具体是指一个市人大立法、一个地方政府规章和多个配套政策文件与技术支撑文件，而上海采用的是"政府规章 + 规范性文件"的形式。由于北京出台了地方立法，因此北京的政策体系比上海具有更高的法律约束力度和处罚力度，使北京的政策体系能够为试点各项工作规范的建设和碳交易市场的健康发展提供基础保障，如表 10-2 所示。

表 10-2　北京一些政策法规体系

文件性质	文件名称	发布年份	发布机构
人大立法	《关于北京市在严格控制碳排放总量前提下开展碳排放权交易试点工作的决定》	2013	北京市人民代表大会常务委员会
政府规章	《北京市碳排放权交易管理办法（试行）》	2014	北京市人民政府
	《关于调整〈北京市碳排放权交易管理办法（试行）〉重点排放单位范围的通知》	2015	北京市人民政府
配套文件	《关于开展碳排放权交易试点工作的通知》	2013	北京市发展和改革委员会
	《北京市碳排放权交易公开市场操作管理办法》	2014	北京市发展和改革委员会
	《关于公布 2015 年北京市重点排放单位及报告单位名单的通知》	2015	北京市发展和改革委员会
	《关于印发〈节能低碳和循环经济行政处罚裁量基准（试行）〉的通知》	2016	北京市发展和改革委员会
	《关于开展 2017 年碳排放权交易第三方核查机构及核查员新增遴选工作有关事项的通知》	2017	北京市发展和改革委员会
	《关于重点排放单位 2017 年度配额核定事项的通知》	2018	北京市发展和改革委员会
	《关于组织开展北京市 2018 年碳排放权交易试点培训工作的通知》	2018	北京市发展和改革委员会

资料来源：《北京碳市场年度报告 2018》。

10.1.2　配额分配与价格走势

1）配额分配

根据北京市发展和改革委员会网站发布的信息，2018 年北京市配额分配方案的主要内容见表 10-3。

表 10-3　2018 年北京市配额分配方案的主要内容

碳配额分配方案		主要内容
覆盖范围		943 家重点排放单位和 621 家报告单位
配额总量		0.5 亿吨
分配方法	无偿分配	逐年分配
	配额核定	历史法和基准线法
	有偿分配	预留不超过年度配额总量的 5%用于拍卖，分为定期拍卖和临时拍卖

续表

碳配额分配方案		主要内容
抵消机制	比例限制	不得高于年度核发碳排放配额量的 5%，但是 2019 年起"我自愿每周再少开一天车"活动中产生的机动车自愿减排量抵消的比例上限提高至 20%
	地域限制	京外项目减排量不得超过当年核发配额量的 2.5%，优先使用河北、天津等与本市签署应对气候变化、生态建设、大气污染治理等相关合作协议地区的 CCER 减排量
	类型限制	2013 年 1 月 1 日后，非工业气体及水电项目，非本市辖区内重点排放单位固定设施的 CCER 减排量； 2013 年 1 月 1 日后，本市签约的合同能源管理项目或启动实施的节能技改项目； 2005 年 2 月 16 日后，本市的碳汇造林项目和森林经营碳汇项目

自 2013 年 11 月 28 日开市至 2018 年 12 月 31 日，北京市累计成交配额 2907 万吨，交易额 10.49 亿元。其中线上公开成交 1051 万吨，交易额 5.54 亿元；线下协议转让成交 1856 万吨，交易额 4.95 亿元，见图 10-1。

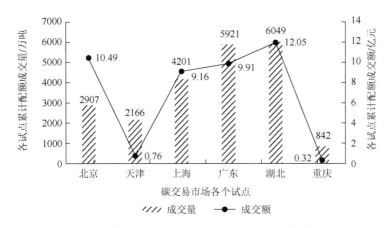

图 10-1　2018 年全国碳交易市场配额累计成交量与成交额情况

资料来源：《北京碳市场年度报告 2018》、2018 年全国碳市场配额累计成交量概览
（http://www.tanjiaoyi.com/article-26384-1.html）

2018 交易年度，北京市碳交易市场共有 243 个交易日。截至 2018 年 12 月 31 日，碳配额成交 8 941 083 吨，成交额为 338 210 096.88 元。其中，线上公开交易成交量为 3 243 293 吨，成交额为 188 050 617.80 元，成交均价为 57.98 元/吨；线下协议转让成交量为 5 697 790 吨，成交额为 150 159 479.08 元。相较于 2017 年，配额成交量增长 18.75%、成交额增长 43.12%，线上和线下成交量分别增长 31.17% 和 12.67%。

2）价格走势

北京市碳交易市场价格稳定，四年间最高日成交均价为 77 元/吨（2014 年 7 月

16 日），最低日成交均价为 30.32 元/吨（2018 年 9 月 20 日），年度成交均价基本在 50 元/吨上下浮动。

2020 年度北京市碳交易市场 6 月的公开交易成交均价为 89.1 元/吨，12 月的公开交易成交均价为 71 元/吨。最高单月成交均价为 89.1 元/吨（2020 年 6 月），最低单月成交均价为 40 元/吨（2015 年 12 月）。从碳排放交易网线上公开交易的价格走势看，2018 年履约期间，市场价格在相对高位波动较为频繁，市场价格中枢维持在 60 元/吨左右；随着履约期的结束，大多数情况下 12 月的成交量便开始下降，市场价格也呈现明显回落态势，如图 10-2 所示。

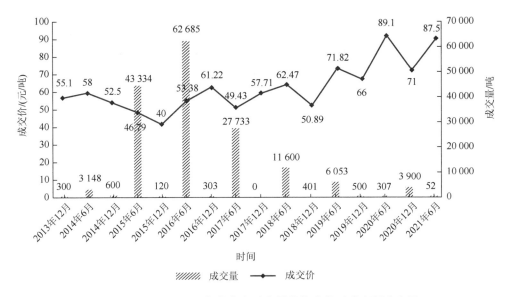

图 10-2　2013～2021 年北京市碳交易价格走势及碳配额成交量

资料来源：碳排放交易网（http://www.tanpaifang.com/tanhangqing）

10.1.3　碳交易情况与 CCER 项目

1）交易主体

在 2018 年 1 月 1 日至 12 月 31 日期间的北京碳配额线上公开交易中，共有近 360 家机构和自然人参与过交易。其中，履约机构与履约机构之间的交易占总笔数的 1.29%，占总成交量的 0.41%；履约机构与非履约机构之间的交易占总笔数的 80.82%，较去年有大幅增长；履约机构与非履约机构之间的交易占总成交量的 36.88%，较去年有小幅降低。非履约机构之间的交易占总笔数的 11.42%，较去年有大幅降低；非履约机构之间的交易占总成交量的 59.06%，较去年均有小幅增长。

自然人投资者参与的交易占总笔数的 6.47%，占总成交量的 3.65%，与去年基本持平，见图 10-3、图 10-4。根据市场参与情况，非履约机构参与的交易呈明显的增长趋势，不难看出，非履约机构在活跃市场氛围、增强市场流动性等方面发挥了重要的作用。

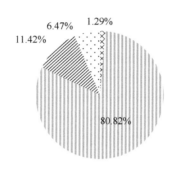

图 10-3　2018 年线上公开交易成交笔数

资料来源：《北京碳市场年度报告 2018》

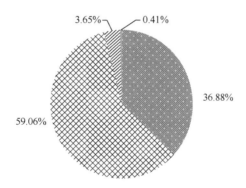

图 10-4　2018 年线上公开交易成交量结构图

资料来源：《北京碳市场年度报告 2018》

2）流动性

活跃度是衡量市场流动性的重要指标，它是根据七个试点碳交易市场现货二级市场交易总量与其配额总量之比进行统计的。北京市碳交易市场活跃程度在七个试点中处于第二位，见表 6-4。其中，2018 年，深圳市场最为活跃，活跃度为41.96%，其他依次为北京 17.88%、上海 10.04%、天津 6.42%、广东 5.26%、湖北3.64%、重庆 0.20%。

3）履约情况

履约是碳排放总量控制的关键环节，是碳交易市场稳定运行的重要前提，能反映出碳交易市场制度设计与实施运行的状况。北京市 2013～2017 年的履约情况见表 10-4。

表 10-4　北京市 2013～2017 年的履约情况

年份	履约企业数	控排单位总数	履约率/%
2013	403	415	97.1
2014	543	543	100
2015	543	543	100
2016	945	945	100
2017	945	945	100

资料来源：《北京碳市场年度报告 2018》。

4）CCER 项目

（1）成交情况。2018 年是 CCER 现货交易正式开展的第四年，截至 12 月 31 日，2018 年北京共成交 CCER 项目 30 个，成交量 1 645 973 吨，成交额 9 143 784.82 元。其中线上成交 71 180 吨，成交额 655 270.40 元，成交均价 9.21 元/吨；协议转让成交 1 574 793 吨，成交额 8 488 514.42 元，成交均价 5.39 元/吨。从 CCER 成交方式来看，协议转让占 CCER 全部成交量的近 96%。这主要是由于各试点地区对于 CCER 抵消功能设置了不同的条件，导致不同项目产生的 CCER 的内在价值和适用性不同，通过协议转让的方式有助于业主了解具体项目信息并就价格进行协商。2018 年 CCER 成交情况如表 10-5 所示。

表 10-5　2018 年 CCER 成交情况

交易方式	成交量/吨	成交额/元
线上公开交易	71 180	655 270.40
线下协议转让	1 574 793	8 488 514.42
总计	1 645 973	9 143 784.82

资料来源：《北京碳市场年度报告 2018》。

（2）成交项目分布情况。从 CCER 成交项目类型来看，2018 年北京试点成交的 CCER 项目主要涵盖风力发电、生物质发电、沼气利用、光伏发电、垃圾焚烧发电等多种类型，其中，风力发电项目成交占比最高，沼气利用、生物质发电、光伏发电等类型项目也成交较多，见图 10-5。

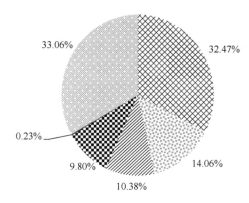

图 10-5　成交 CCER 项目类型分布

资料来源：《北京碳市场年度报告 2018》

从 CCER 项目来源地看，2018 年北京市碳交易市场 CCER 成交项目来自全国 17 个省区市，较去年增加了上海、湖南等地区的项目，有向南部扩张的趋势，但总体上看仍主要集中于东三省和中西部地区。

从实际成交的减排量看，超过 15 万吨的 CCER 项目来源地共有 4 个，分别是北京、山西、内蒙古、贵州，占全部成交的 CCER 减排量的 59.27%，其中来自北京市的 CCER 减排量占 26.06%。

（3）成交 CCER 去向。从成交情况来看，2018 年北京市碳交易市场 CCER 项目挂牌成交超过 30 个，总成交量超过 164 万吨，在全国七个试点及福建、四川碳交易市场中项目挂牌成交数量和交易规模中均处于领先地位。其中北京市履约的项目交易量占绝大多数，余下的 CCER 量多被销往其他地区，北京作为全国碳交易枢纽的功能已经具备。

10.1.4　北京市碳交易市场的主要特点及挑战与问题

1）主要特点

2013～2018 年间，北京市碳交易市场平稳运行，在支持全市重点排放单位顺利完成履约工作的同时，也为全国碳交易市场建设和全球碳定价积累了丰富的经验，形成了自身鲜明的特点。总体来说，北京市碳交易市场运行健康，碳价调控有力，基础研究深入，金融创新有序。具体来说，北京市碳交易市场层次丰富，参与主体全面，碳价稳定合理，同时对绿色金融基础有深入研究，在绿色金融产品方面有自己的创新点。

（1）具有健全的法律体系。北京市碳交易市场的政策体系采用"1 + 1 + N"

的形式。不同于上海的是，北京市针对碳交易制定并出台了地方人大立法。为碳交易管理办法的出台奠定了法律基础，为惩罚约束机制的建立提供了有力的法律依据，为碳交易市场制度建设提供了法律支撑。

（2）具有明确的能源消费目标。在《北京市"十三五"时期能源发展规划》中明确了 2020 年的能源消费总量，煤炭、油品、一次电力等能源的消费总量以及各行业的能源消费总量目标。能源消费目标的设立，为北京市碳交易奠定了基础。

（3）具有广泛的交易范围。北京市拥有特殊的产业结构，2018 年第三产业所占比重达 81%。针对其特殊的产业结构，北京市碳交易试点将第三产业中的公共机构纳入了交易范围。2017 年 12 月 31 日的数据显示，北京市拥有 945 家控排企业，且履约率达 100%。其控排单位除电力、石化、水泥等传统工业企业外，还包括大量服务型企业，尤其是具有公共管理职能的机关事业单位、高校以及医院等。

（4）发挥试点示范作用，探索跨区域碳交易市场交易。北京市不仅全力建设自身的碳交易试点，而且带动周边地区探索跨区域碳交易市场交易，开展跨区域碳交易市场合作。自 2014 年起，北京市先后与河北省承德市、内蒙古呼和浩特市以及鄂尔多斯市开展京冀、京蒙跨区域碳排放交易。承德市的 6 家水泥企业和内蒙古两市的 26 家电力和水泥企业已经纳入了京冀、京蒙区域碳交易市场。并且，北京与这三个城市实行统一的碳排放权交易规章制度、碳排放报告系统、注册登记系统以及交易系统。

（5）配额分配时考虑历史排放与行业先进值，适度从紧分配配额。目前，北京市配额分配制度为：北京市发展和改革委员会核定履约机构的碳配额，并进行逐年免费分配，坚持"适度从紧"的原则，同时预留不超过年度配额总量的 5%用于定期拍卖和临时拍卖。配额分配制度有效保证了北京市碳交易市场的总体稳定，使北京市碳交易市场的配额总量供应偏紧、刚性需求较旺盛。相对于其他试点，北京市的配额分配较为严格，这也使北京市碳交易市场相对稳定，碳价相对较高。例如，由于以电力消耗为主的服务类企业和公共机构数量多、电力间接排放量大，为了避免重复计算，电力碳排放系数取值时扣除了本地发电排放部分，最终比全市电网平均碳排放因子的 1/3 还低，相应地减少了配额总量。

2）挑战与问题

（1）能源结构特殊，减排目标需要借助周边省市实现。北京市依靠周边省市来满足自己的能源消费需求，如超过 70%的电力来源于外调电，高能耗工业企业搬迁转产至周边城市以及调用来自周边城市的清洁能源天然气。因此，北京市碳交易市场的建设需考虑与周边省市联动，形成区域碳交易市场。

（2）缺乏历史配额数据，配额分配公平性有待提高。部分企业的配额分配情况会受到核算边界完整性的影响。换句话说，企业使用碳排放核算边界内能源替代边界外能源的行为会增加碳排放量，而历史配额数据的缺乏，会使企业实际的配额出现短缺情况，配额分配的公平性自然会降低。例如，由于北京市的间接排放没有将外购蒸汽纳入核算范围，部分企业在节能改造过程中，将供冷蒸汽机组改造为电力机组，使用电力替代蒸汽，这将导致企业排放增加。

（3）政策透明度欠缺，与公开、公平和公正的碳交易市场原则相悖。北京市"1+1+N"的碳交易政策体系相对健全，但是对于配额总量等关键信息的公开方面有待提高。配额总量是评估碳交易效果以及市场参与主体进行交易的基本信息，公布配额总量目标等关键信息的量化数据，有利于对碳交易效果的评估以及对碳交易市场的监督。北京市碳交易市场相关数据透明度的欠缺，有悖于建立公开、公平和公正的碳交易市场原则。

（4）北京市碳交易市场需做好与国家碳交易市场衔接的准备。政策和规划方面，在全国碳交易市场启动之前以及之后，北京市碳交易政策的安排尚不明确，不利于市场参与主体提前做好减排、配额管理和交易规划的准备。控排单位方面，2018 年北京市碳交易市场有 954 家重点排放单位，其中只有 30 余家符合国家碳交易市场的准入标准。进入国家碳交易市场的控排单位，如何将地方配额与国家配额衔接，国家碳交易市场成立后，北京市碳交易市场是否继续运行、继续管制余下的控排单位，是迫切需要解决的重要问题。

（5）交易主体单一，市场活跃度有限。北京市碳交易市场开市以来，碳交易价格相对稳定，碳交易配额逐年增长，但整体不活跃。北京市碳交易市场的重点控排单位数量众多，但多为国家机关、事业单位和服务类企业。这些单位以履约为最终目的，其参与配额交易的意识不足，进行碳资产管理的意识不强，特别是财政拨款单位，几乎没有参与交易的动力与意识。对于投资机构和个人来说，北京市对其准入的标准设置较高，导致参与单位中的非履约企业和个人数量较少，也影响了市场的活跃度。

10.2　上海市碳交易市场政策与实践

10.2.1　控排范围与政策法规

1）控排范围

上海市碳交易市场碳排放总量目标仍是排放强度框架下的总量目标，但经过对参与碳交易的企业和单位二氧化碳排放量的盘查，实际上已经"自下而上"地形成了上海市碳交易市场的排放总量控制目标，覆盖了 17 个工业和非工业领域行业，与其他试点碳交易市场相比，覆盖行业较多，特别是包括了航空、港口、机场、铁路等排放较大但控排难度也较大的行业（倪前龙，2014）。

2018 年，上海市碳排放交易纳入配额管理的单位有 288 家，与去年同期相比减少了 10 家单位。其中，工业领域的单位有 246 家，交通领域的单位有 29 家，建筑领域的单位有 13 家。

2）政策法规

上海与北京碳排放权交易试点都采用了"1 + 1 + N"的政策体系，具体是指一个政府规章、一个规范性文件和多个管理文件。表 10-6 展示了上海市碳排放交易试点政策规则体系的具体情况。

表 10-6　上海市碳排放交易试点政策规则体系的具体情况

文件性质	文件名称	发布年份	发布机构
政府规章	《上海市碳排放管理试行办法》	2013	上海市人民政府
规范性文件	《上海市人民政府关于本市开展碳排放交易试点工作的实施意见》	2012	上海市人民政府
管理文件	《上海市温室气体排放核算与报告指南（试行）》	2012	上海市发展和改革委员会
	《上海市 2013—2015 年碳排放配额分配和管理方案》	2013	上海市发展和改革委员会
	《上海市碳排放配额登记管理暂行规定》	2013	上海市发展和改革委员会
	《上海市碳排放核查第三方机构管理暂行办法》	2014	上海市发展和改革委员会
	《上海市碳排放核查工作规则（试行）》	2014	上海市发展和改革委员会
	《关于本市碳排放交易试点期间有关抵消机制使用规定的通知》	2015	上海市发展和改革委员会
	《关于本市碳排放交易试点期间进一步规范使用抵消机制有关规定的通知》	2015	上海市发展和改革委员会
	《上海市 2016 年碳排放配额分配方案》	2016	上海市发展和改革委员会
	《上海市 2017 年碳排放配额分配方案》	2017	上海市发展和改革委员会
	《上海市 2018 年碳排放配额分配方案》	2018	上海市发展和改革委员会
其他规则	《上海环境能源交易所碳排放交易规则》	2013	上海环境能源交易所

资料来源：张敏思，王颖. 上海碳排放权交易试点政策体系和管理模式分析[J]. 中国经贸导刊（理论版），2018（11）：3.

10.2.2 配额分配与价格走势

1）配额分配

根据上海市碳排放交易管理工作的总体部署和工作安排，2018 年上海市碳配额分配方案的主要内容如表 10-7 所示。

表 10-7 2018 年上海市碳配额分配方案的主要内容

配额分配方案			主要内容
覆盖范围			288 家
配额总量			1.58 亿吨（含直接发放配额和储备配额）
分配方法	行业基准线法	工业企业	对发电、电网和供热等电力热力行业企业，采用行业基准线法
	历史强度法	工业企业	历史强度基数，一般取企业各类产品 2015～2017 年碳排放强度（单位产品碳排放）的加权平均值；当三年内强度持续上升或下降且累计达到标准或年度间强度变化超过一定标准的，调整历史强度基数
		航空港口及水运企业	历史强度基数，取企业 2015～2017 年单位业务量碳排放的加权平均值
		自来水生产企业	历史强度基数，取企业 2017 年单位供水量碳排放数据
	历史排放法	建筑以及产品复杂、近几年边界变化大、难以采用行业基准线法或历史强度法的工业企业	历史排放基数，一般取企业 2015～2017 年碳排放量的平均值；当三年碳排放量持续上升或下降且累计达到标准或年度间碳排放量变化超过一定标准的，调整取值基数
配额发放	直接发放配额		根据企业 2017 年含碳能源（天然气除外）消耗导致的直接碳排放占其总排放量的比例，确定 2018 年度的碳排放直接发放配额数量
	配额储备		对 2018 年配额总量中的部分储备配额组织开展有偿竞买
抵消机制			纳管企业进行配额清缴时，可使用的所有核证减排量均需产生于 2013 年 1 月 1 日后的非水电项目 CCER，且 CCER 使用比例不得超过企业年度基础配额的 1%
有关情况处理			纳管企业生产经营发生重大变化、核算边界无法确定的，上海市发展和改革委员会暂不对其发放 2018 年配额，对于已发放 2018 年配额的，予以收回

资料来源：《上海碳市场报告 2018》。

2）价格走势

2018 年，上海市碳交易市场中的碳配额价格呈现年初振荡上行，履约期大幅提升，履约后价格回落，年末低开低走趋势，市场落差较大，并长期保持在 35～40 元/吨徘徊，价差相对稳定。2018 年第二季度以来，发电行业率先入场，价格迅速抬升，在履约期时形成 39.00 元/吨的稳定支撑位，并以 4.00 元/吨突破

5 年来最高成交价纪录。随着履约期结束，市场逐渐清淡，价格随之下行。年末，随着 2018 年度配额分配政策与纳管企业名单的公布，价格逐渐呈现反弹趋势，最终全年以 29.19 元/吨收盘。

图 10-6 展示了 2013 年 12 月至 2020 年 12 月上海市碳交易价格走势及碳配额成交量情况。可以看出，碳配额成交价格由开市后开始缓慢升高，到 2014 年 6 月到达最高点，近 38.51 元/吨；之后开始逐渐下降，到 2016 年 6 月到达最低点，即 10 元/吨以下；之后又开始逐渐升高，在 30～50 元/吨范围内。碳配额成交量在 2016 年 12 月达到最高值，其他时间都在 40000 吨上下波动。2015～2016 年的情况应是上海碳排放权交易试点出现个别抛售现象导致配额价格大幅下跌而造成的。

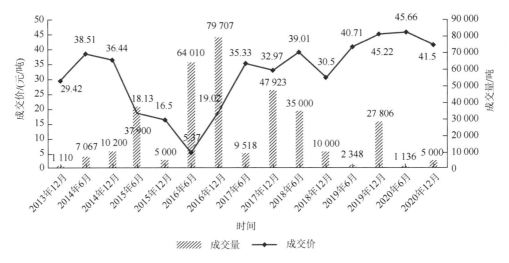

图 10-6　2013～2020 年上海市碳交易价格走势及碳配额成交量
资料来源：碳排放交易网（http://www.tanpaifang.com/tanhangqing）

10.2.3　碳交易情况与 CCER 项目

1）交易主体

2018 年，上海市碳交易市场新开现货交易账户 47 个，较 2017 年（197 个）减少了 76.14%。其中新增纳管企业 20 家、投资机构 27 家。

截至 2018 年底，上海市碳交易市场现货总开户数 646 个，其中纳管企业 298 家（46%）、投资机构 348 家（54%），见图 10-7。配额远期交易开户数为 38 个，其中纳管企业 3 家、投资机构 35 家①。

---

① 资料来源：《上海碳市场报告 2018》。

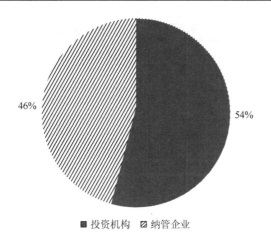

图 10-7　截至 2018 年底上海市碳交易市场各类型参与主体比例

资料来源：《上海碳市场报告 2018》

2018 年，上海市碳交易市场交易比较活跃的依然是投资机构，由投资机构参与的现货交易量（含上海碳配额与 CCER）占全年总成交量的 82.419%。交易量排名前 20 的市场参与者中，仅两家为纳管企业[1]。

2）流动性

由于参加上海市碳交易市场的控排企业所处行业各不相同，企业之同的规模存在巨大的差异，而且存在配额垄断的现象，从而导致整个市场的流动性和活跃度不足。活跃度是衡量市场流动性的重要指标，它是根据七个试点碳交易市场现货二级市场交易总量与其配额总量之比进行统计的。在七个试点中，上海市碳交易市场的活跃度处于第三位。

3）履约情况

2017 年度上海碳排放配额的履约周期为 2017 年 7 月 1 日至 2018 年 7 月 31 日。2018 年 7 月 31 日，上海市碳交易市场 298 家纳入配额管理的单位圆满完成 2017 年的配额清缴，履约工作顺利完成，实现连续五年 100%完成履约目标。

4）CCER 项目

2018 年 1 月 2 日至 2018 年 12 月 18 日，上海市碳交易市场共运行 243 个交易日，上海碳配额与 CCER 现货交易合计成交 1757.24 万吨，累计成交额为 1.96 亿元。其中，上海碳配额成交 574.23 万吨，成交额为 1.66 亿元；CCER 成交 1183.01 万吨。表 10-8 展示了 2018 年上海市碳交易市场现货交易统计数据[2]。

---

① 资料来源：《上海碳市场报告 2018》。

② 资料来源：《上海碳市场报告 2018》。

表 10-8　2018 年上海市碳交易市场现货交易统计数据

交易方式	交易产品					
	上海碳配额		CCER		合计	
	成交量/万吨	成交额/万元	成交量/万吨	成交额/万元	成交量/万吨	成交额/万元
挂牌交易	236.60	8 840.23	1.00	26.04	237.60	8 866.27
协议转让	337.63	7 735.01	1 182.01	3 037.40	1 519.64	10 772.41
小计	574.23	16 575.24	1 183.01	3 063.44	1 757.24	19 638.68

2018 年，上海市碳交易市场中上海碳配额共成交 574.23 万吨，日均成交量超 2 万吨，全年单日最高成交量达 98.52 万吨，创上海市碳交易市场第二阶段以来单日成交量最高纪录。全年上海碳配额协议转让量占其总交易量的 58.80%。在交易最活跃的 5 月和 6 月，协议转让量分别占当月总交易量的 49.32%、90.349%。履约期后，所有上海碳配额交易量均来自挂牌交易。

2018 年，上海市碳交易市场 CCER 成交量为 1183.01 万吨，较 2017 年下降幅度较大，但成交量仍保持全国第一。截至 2018 年底，上海市碳交易市场 CCER 年成交量及累计成交量均为全国第一。2018 年，上海市碳交易市场几乎所有 CCER 交易仍以协议转让方式完成。这主要是由于上海市碳交易市场灵活的协议转让交易方式便于交易参与者锁定交易对手方、商榷成交价格，有效地节约了交易成本。图 10-8 展示了截至 2018 年底全国各大碳交易市场 CCER 交易量占比[①]。

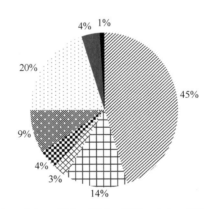

图 10-8　截至 2018 年底全国各大碳交易市场 CCER 交易量占比

资料来源：《上海碳市场报告 2018》

① 资料来源：《上海碳市场报告 2018》。

2018 年，配额有偿发放总量为 200 万吨，有效申报量为 305 237 吨。共 7 家符合竞买人资格的纳管企业参与了竞价，其中 7 家竞价成功，竞买总量为 305 237 吨，占发放总量的 15.26%。

自 2013 年 11 月 26 日到 2018 年 12 月 31 日，上海市碳交易市场共运行 1178 个交易日，上海碳配额与 CCER 现货累计成交 1.06 亿吨，累计成交额为 11.08 亿元。其中上海碳配额成交 3267.98 万吨，CCER 成交 7376.72 万吨。上海碳配额远期产品累计成交 42 108 个，累计成交量 421.08 万吨，累计成交金额 1.51 亿元[①]。

10.2.4　上海市碳交易市场的主要特点

1）政策规则体系完善，注重保持政策连续性

上海市在碳排放交易试点筹备和建设过程中始终坚持政策先行，形成了完整的"政府规章 + 规范性文件 + 配套管理文件"的政策规则体系，为上海市碳交易试点相关工作的开展提供了政策依据。上海市碳交易试点制定的配额分配制度、交易规则、遵约制度等规则在制定至今都没有发生较大的变化，保持了政策的连续性，提供了稳定的政策保障。

2）制定了高效管理机制，对控排单位进行精细化管理

上海市专门成立了碳交易试点工作领导小组，将对控排单位的管理工作落实到每个人，实施精细化管理。碳交易试点工作领导小组将控排单位按行业及其他要素进行分类，把责任具体落实到个人，每个人负责管理多个控排单位并负责与控排单位进行沟通，这种全过程管理可以针对每个控排单位的具体特点进行指导，大大提高了管理效率。

3）分行业制定相应的碳配额分配方式

针对各行业的特点，碳配额分配方式应考虑不同行业的需求。对上海市发电、电网和供热等电力热力行业，采用行业基准线法进行配额分配；对于产品产量与碳排放量相关性高且计量完善的工业企业以及航空、港口、水运、自来水生产行业企业，采用历史强度法进行配额分配；对商场、宾馆、商务办公、机场等建筑，以及难以采用行业基准线法或历史强度法的工业企业，采用历史排放法进行分配。允许将配额分配给新增的工业行业项目也是上海市碳交易试点的一大创新点。

4）开放的碳抵消规则限制使 CCER 交易活跃

上海市碳交易市场 CCER 累计交易量在全国七个碳交易试点中处于领先地位。上海市碳交易试点的企业对使用 CCER 的接受程度较高，而且上海市的碳抵

---

① 资料来源：《上海碳市场报告 2018》。

消规则限制的条件比较少,对比其他的碳交易试点相对较开放,因此上海市 CCER 交易比较活跃,吸引了很多的自愿减排量进入上海市碳交易市场。

10.3　天津市碳交易市场政策与实践

10.3.1　控排范围与政策法规

1) 控排范围

《天津市碳排放权交易试点纳入企业碳排放配额分配方案(试行)》中,将 2013 年首期碳排放配额的分配对象,即纳入企业分为两类:一类为天津市钢铁、化工、电力、热力、石化、油气开采等重点排放行业和民用建筑领域中 2009 年以来排放二氧化碳 2 万吨以上的企业或单位;另一类为自愿申请加入的企业。2014~2018 年试点期限内,天津市发展和改革委员会根据地区控制温室气体排放的情况,对纳入企业的范围进行了相应的调整。

2013 年 12 月 18 日,天津市发展和改革委员会发布了参加首期试点的 114 家纳入企业名单,根据表 10-9,可以看出天津市控排企业主要集中在钢铁、电力、化工三大行业,石化行业和油气开采行业也入围试点范围。

表 10-9　天津市碳排放权交易试点纳入企业行业分布情况

行业	数量
试点纳入企业总量	114
钢铁行业	51
发电行业	30
化工行业	24
石化行业	5
油气开采行业	4

资料来源:《天津市碳排放权交易试点纳入企业名单》。

2) 政策法规

2011 年 10 月,国家发展改革委印发《关于开展碳排放权交易试点工作的通知》,批准北京、上海、天津、重庆、湖北、广东和深圳等七省市开展碳交易试点工作。

2013 年 2 月,天津市人民政府发布了《关于印发天津市碳排放权交易试点工作实施方案的通知》,作为天津碳排放权交易试点启动前的先行支撑准备,《天津市碳排放权交易试点工作实施方案》明确了碳排放权交易的市场范围,设定了碳排放权交易的总量目标和合理分配配额，建立了登记注册体系、交易体系和碳排放监测报告核查体系，为试点工作积极开展指明了方向。2014 年 5 月，天津市发展和改革委员会印发《市发展改革委关于开展碳排放权交易试点纳入企业2013 年度碳排放核查工作的通知》，并同时发布《纳入企业及 2013 年度碳排放核查机构名单》。

2013 年 12 月，天津市人民政府印发了《天津市碳排放权交易管理暂行办法》，天津市发展和改革委员会下发了《关于开展碳排放权交易试点工作的通知》，就试点前工作进行了统一安排和部署，天津碳交易市场于 2013 年 12 月 26 日正式启动。

试点启动后，天津市人民政府、天津排放权交易所等部门相继推出了其他规则，天津市碳交易政策法规体系进一步得到完善，天津市碳排放交易试点政策及规则见表 10-10。

表 10-10　天津市碳排放交易试点政策及规则

主要法规、政策及规则	施行时间	印发单位
《关于印发天津市碳排放权交易试点工作实施方案的通知》	2013.02	天津市人民政府
《关于开展碳排放权交易试点拟纳入企业初始碳核查工作的通知》	2013.10	天津市发展和改革委员会
《关于印发天津市碳排放权交易管理暂行办法的通知》	2013.12	天津市人民政府
《关于印发天津市碳排放权交易管理暂行办法的通知》	2016.06	天津市人民政府
《关于印发天津市"十三五"控制温室气体排放工作实施方案的通知》	2017.03	天津市人民政府
《天津排放权交易所碳排放权交易结算细则（暂行）》	2017.10	天津排放权交易所
《天津排放权交易所碳排放权交易规则》	2013.12	天津排放权交易所
《关于印发构建天津市绿色金融体系实施意见的通知》	2017.03	天津市金融局等八个部门
《关于印发天津市碳排放权交易管理暂行办法的通知》	2018.07	天津市人民政府
《市生态环境局关于发布天津市碳排放权交易试点纳入企业名单的通知》	2021.12	天津市生态环境局
《天津排放权交易所会员管理办法》	2022.06	天津排放权交易所

资料来源：根据天津排放权交易所公开的资料整理。

10.3.2　配额分配与价格走势

《天津市碳排放权交易管理暂行办法》中，天津市人民政府根据碳排放总量控制目标，综合考虑历史排放、行业技术特点、减排潜力和未来发展规划等因素来确定配额总量。在配额分配方式上，天津市碳配额分配以免费分配为主，以拍卖或固定价格出售等有偿发放为辅，拍卖或固定价格出售仅在交易市场价格出现较大波动时用于稳定市场价格，其 CCER 使用量限制为当年排放量的 10%，而且没有地区限制。

在 2019 年 7 月 26 日，天津市生态环境局召开新闻发布会称，截至 2019 年 6 月 30 日，天津市碳交易市场现货配额累计成交量约 808 万吨，成交额 1.08 亿元，履约率也连续多年保持 100%。由于市场的稳定发展，天津市于 2017 年，碳排放强度累计下降 17.38%，超额完成控排温室气体排放的目标任务，并建立了温室气体排放控制的体系和监控体系，促进碳交易市场良性发展。

1）配额分配情况

天津碳交易试点的配额分配以免费分配为主，以拍卖或固定价格出售等有偿发放为辅。不过，拍卖或固定价格出售仅在交易市场价格出现较大波动时用于稳定市场价格，即配额初始分配全部采用免费分配方式。

根据天津排放权交易所的数据，天津 2017 年度配额总成交量为 228.8 万吨，同比增长 89.16%；总成交金额为 2655.8 万元，同比增长 145.41%；成交均价为 11.60 元/吨，同比上涨 29.75%。2018 年天津市配额分配方案的主要内容见表 10-11。

表 10-11　2018 年天津市配额分配方案

分配方案		内容
覆盖范围		109 家
配额总量		1.6 亿吨
分配方法	基准线法	2013 年度的基准水平是根据纳入企业 2009～2012 年正常工况下单位产出二氧化碳排放的平均值确定的，2014 年度和 2015 年度按照上一年的基准值下降 0.2%确定。根据当年基准水平，按照 2009～2012 年正常工况下年平均发电/供热量的 90%，向纳入企业分配基本配额。次年履约期间，依据纳入企业实际发电量/供热量，核发调整配额
	历史强度法	天津 2016 年发电、热电联产行业配额分配循序渐进调整为历史强度法，行业控排系数较上年度适当收紧。计算方法如下： 发电行业 2016 年度配额 = 2016 年发电量×2015 年单位发电量二氧化碳排放量×控排系数（0.985） 热电联产企业 2016 年度配额 =（2016 年发电量×2015 年单位发电量二氧化碳排放量 + 2016 年供热量×2015 年单位供热量二氧化碳排放量）×控排系数（0.98）
抵消机制	CCER	纳入企业可以使用一定比例的 CCER 抵消其碳排放量。抵消量不得超出其当年实际碳排放量的 10%

资料来源：碳交易网（http://www.tanjiaoyi.com/article-26331-1.html）。

2019 年，天津市碳交易市场年度累计成交配额量约 62 万吨，成交额共计约 868 万元，成交均价为 14 元/吨。

2）价格走势

从 2014 年到 2020 年不同时期，天津碳交易试点市场碳交易价格相差巨大，碳价在 17.8 元/吨上下波动，并且价格均呈下降的趋势。在不同时期，天津市场碳交易价格有很大的差异。可见，市场对碳排放交易价格影响不大，政府在市场中起主导作用。

天津市碳交易市场的碳配额大多数属于大型企业（尤其是电力企业），因此，碳交易市场价格和交易量容易形成波动的主要原因是受到企业的履约期影响。与此同时，这些企业是否守信也对市场有着很大的影响。不公平的分配方式也制约着市场的活力和参与度。

天津市 2014 年 6 月至 2020 年 12 月成交价与成交量见图 10-9。

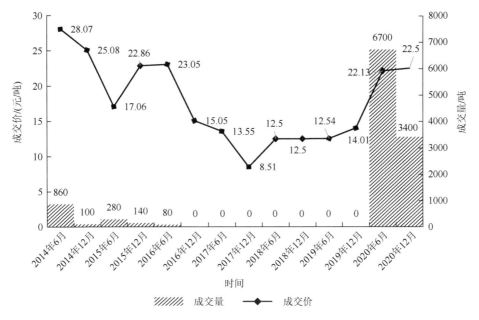

图 10-9　2014～2020 年天津市碳交易价格走势及碳配额成交量

资料来源：碳排放交易网（http://www.tanpaifang.com/tanhangqing）

10.3.3　碳交易情况与 CCER 项目

1）交易主体

目前，交易标的为配额和核证自愿减排量等碳排放权交易品种。纳入企业及国内外机构、企业、社会团体、其他组织和个人，均可参与碳排放权交易或从事碳排放权交易相关业务。在进入交易所进行交易前，要向交易所申请交易席位和交易权。除试点企业外，其他机构会员要求中资控股，对注册资本金等也有数量要求，参与交易的自然人金融资产不少于 30 万元。交易方式包括网络现货交易、协议交易、拍卖交易三种形式。

2）流动性

从 2018 年全国碳排放权七个试点的碳交易市场活跃度情况来看，天津市活跃度为 6.42%，虽然排名第四，处于七个试点的中间水平，但其与深圳、北京等活跃地区在活跃比例上差距较大。从整体上看，天津排放权交易市场可以用"参与度低、活跃度低"来概括。

3）履约情况

截至 2018 年 6 月 29 日，天津市已将五个行业纳入碳排放权交易市场，分别是电力热力、钢铁、化工、石化和油气开采。109 家纳入企业均已通过登记注册系统按时足额注销了与其 2017 年度实际碳排放量相等的配额，完成履约。

4）CCER 项目

（1）CCER 的交易时间和交易量。由于天津碳交易试点市场仍然以配额为主进行交易，CCER 于 2015 年初才开始进入碳交易市场，并受到地区限制、时间限制、技术类型限制等多种制约以及经常被交易所叫停，因此它的交易时间和交易量不具备明显特征。

（2）CCER 的交易价格。CCER 是在 2015 年初进入国内碳交易试点市场的，为了达到降低成本的目的，天津碳交易试点市场允许企业使用相应比例的 CCER 用于对消排放，占比为 1/10，并对项目类型、技术类型、时间和地域等进行限制。因此导致 CCER 的交易价格极度碎片化，交易价格也在 3～30 元/吨波动。

10.3.4 天津市碳交易市场的主要特点及挑战与问题

1）主要特点

天津市于 2011 年被定为首批国家碳排放权交易试点以来，在碳交易市场建设的各个方面都开展了大量工作，其在发展过程中，既为全国碳交易市场的建立积累了丰富的经验，也形成了独具一格的天津市碳交易市场。其主要特点有以下几点。

（1）企业类别多样。天津市纳入企业从规模、地域分布、性质、技术水平到发展趋势以及意识和理念都呈现出多样性。从规模来看，包括大、小各类规模企业，单一企业和集团企业。从地域分布来看，包括了部分总部在天津但排放单元在天津市行政区域外的企业。从性质来看，包括国有企业、民营企业、外资企业、私营企业、合营企业等。从技术水平来看，企业的基础和能力参差不齐。从发展趋势来看，化工等部分行业还面临着迅速发展的态势。从意识和理念来看，一些大型央企对碳交易较为重视，相关准备工作起步早且深入，而部分中小企业对碳交易的认识较为不足。

（2）碳排放较为集中。天津市经济结构以工业为主导，纳入企业大多数来自工业行业，14 家企业的排放量超过全市总排放量的 50%。由于天津市产业结构中重工业所占比例较大，纳入企业中的钢铁企业占了近一半，其中包括天津钢铁集团有限公司、天津天钢集团有限公司、天津钢管制造有限公司等大型钢铁企业。在七个试点省市中，天津纳入企业数量最少，覆盖行业也相对较少，这体现了天津市碳排放较为集中的特点。

（3）采用模型估算确定总量目标。天津市在管理办法中明确了本市建立碳排放总量控制制度和总量控制下的碳排放权交易制度。天津市采用"自上而下"和"自底而上"相结合的方法，通过一般均衡模型和能源环境情景分析模型，设定不同情景模拟估算确定配额总量目标，相对于其他试点，天津市确定总量目标的方法较为科学和合理，有效支撑了配额分配等后续工作。

（4）配额分配和排放核算报告因地制宜。天津市配额分配对于电力、热力和热电联产企业采用了基准线法，对于其他行业采用基于绩效的历史法，并且考虑了配额调整，还将考虑较为合理的配额有偿发放方式。在排放核算和报告方面，天津市结合纳入行业特点编制了排放核算报告指南，核算方法和数据选取都充分考虑了本市的行业特点，报告规定企业需要提交监测计划，为排放数据的获取和质量保证奠定了基础。

（5）交易主体多样。目前，七个试点省市都开放了机构投资者交易，其中，天津、湖北、重庆、深圳和广东还开放了个人交易。天津市允许国内外机构、企业、社会团体、其他组织和个人参与碳排放权交易，在交易主体方面体现了最大的开放度。交易主体的多样化弥补了纳入企业数量少的不足，使天津市碳交易市场总体保持了较高的活跃度，为在试点时期探索成熟的市场运行机制积累了宝贵经验。

2）挑战与问题

（1）管理办法法律效力不够，管理体制有待加强。在法律法规方面，深圳市和北京市都由市人民代表大会出台了地方性法规或决定，上海市、深圳市和广东省分别以市长令、市政府令和省长令的形式发布了政府规章性质的管理办法，重庆市也由市政府发布了管理办法。相对于上述试点，《天津市碳排放权交易管理暂行办法》由天津市人民政府印发，属于规范性文件，只有指导作用，没有法律效力。在管理体制方面，天津试点工作的推进力度和相关部门之间的协调配合还有待加强。这种体制层面的原因导致天津市管理办法层级不够，并且难以出台地方性法规，直接影响到碳排放权试点工作的实施和市场活跃度。

（2）尚无有效罚则。规定纳入企业、核查机构、交易机构违约的处罚规定，是对企业和机构进行有效约束，以保证碳排放权交易市场正常运行的重要因素。天津市对企业是否进入碳交易市场、是否履约缺乏有效的约束手段。对比其他试点，天津试点履约惩罚力度最为薄弱，仅限取消优先融资服务和相关扶持政策，并无对未履约企业罚款、扣除配额的相关规定。此外，天津试点管理办法中只是一般性地规定了法律责任，对纳入企业的违约行为，由天津市发展和改革委员会责令限期改正，并在三年内不得享受相关政策（例如，优先享受银行贷款和优先申报循环经济、节能减排项目的优惠）。相比其他试点，天津市管理办法没有类似清缴、扣除来年配额以及按照市场价格三倍罚款或罚款上限等明确的规则，难以形成对企业排放行为的有效约束，在一定程度上影响了市场活跃度。此外，天津市尚未明确对违约进行处罚的执法机构。

（3）市场监管存在一定的风险。尽管天津市交易主体的多样化有效地保证了市场活跃度，但同时也给市场监管工作带来了很大的考验。天津市目前尚未出台监管细则，交易价格调控机制的具体操作办法还不明确。此外，天津市还未出台第三方核查机构备案管理办法，对第三方核查机构工作可靠性和准确性的管理还有待加强。同时，天津市以纸质报送方式进行排放数据报送，效率相对较低。这些都加大了天津市对碳排放权交易市场监管的难度。

（4）抵消机制边界不明确。天津市规定纳入企业可使用一定比例的 CCER 抵消其碳排放量，抵消量不得超出其当年实际碳排放量的 10%，但是未明确 CCER 的来源边界，因此企业可采用自身先期节能减排行动获得的 CCER 抵消排放量，造成重复获益，这对企业减排温室气体的激励作用就相对较弱。天津市也是唯一未明确 CCER 来源边界的试点。其他试点均规定了 CCER 的来源边界，部分试点还规定了来源的项目类型。其中，上海明确规定了"本市纳入配额管理的单位在其排放边界范围内的国家核证自愿减排量不得用于本市的配额清缴"。其他部分试点地区则规定，必须有一定比例的 CCER 来源于本省市，以保护本地区的企业利益，提高市场活跃度。

（5）资金和技术支持相对不足。相对于北京、上海、广东等试点省市，天津市开展碳排放权交易的资金相对缺乏。尽管天津市已申请清洁发展机制（clean development mechanism，CDM）基金赠款项目推进碳交易试点工作，但项目程序复杂，周期较长，资金拨付严重滞后，直接影响到了碳盘查、企业能力建设等一系列工作的开展。另外，企业对碳交易的意识、对政策的理解和自身能力水平还存在一定的不足；部分规模较大的企业内部结构较为复杂，给排放数据核算、核查带来较大的难度；部分企业认为当前完成节能减排等环保任务的压力已非常大，再参与碳排放权交易需要投入大量人力、物力，会进一步加重企业的负担。

（6）天津试点流动性低。究其原因，主要有以下几个方面。一是大量企业对碳交易市场、碳资产管理缺乏了解，多数采取风险规避策略，主观上不重视。首先，碳排放权交易属于新兴事物，其工作主要由政府主导推广，但受限于专业人才缺乏，多数企业难以在短时间内掌握碳交易的实质，对其必然性、前瞻性认识不清。二是天津排放权交易所的纳入企业中，大部分是国企和央企，其受政策和管理层影响，态度趋于保守。三是多地碳交易市场交易标准不一，部分企业入市存在观望心理。由于碳交易市场并未在全国范围内铺开，地方建设尚处于摸索阶段，碳交易市场相关机制并不完善，阻碍了数量众多的跨区域经营的碳排放企业进入市场。四是碳排放权交易的多个环节面临技术短板，碳交易不够规范，影响了市场活跃度。由于在碳排放量核算等方面缺乏科学有效的技术和手段，无法实现碳交易市场的精准高效利用，客观上降低了企业开展碳排放权交易的积极性。

此外，天津与其他试点还存在着一些共性问题，如碳价格难以反映出真实减排成本；间接排放的重复计算问题；国家对于碳排放权的属性未明确，从而导致包括碳排放权交易应开具何种发票、企业能否将碳排放权作为资产等一系列问题；一些集团企业由于内部结构和程序复杂，导致开户迟缓；各试点奖罚机制和标准不同，容易导致碳泄漏，即企业在不同地区之间的转移等。

因此，针对上述问题，我们对天津市碳交易市场提出以下几点对应的建议。

（1）完善碳排放权交易体系建设。首先，应尽快出台更具法律约束力的法律文件，并且要制定明确的惩罚制度，加大对企业交易的约束力。其次，要强化企业排放电子报送系统，提高数据传送的质量与速度。最后，要完善各种碳交易产品的使用规则，防止企业利用规则漏洞进行重复获利。

（2）吸收各试点的经验，进行全国碳交易市场建设。在碳交易市场建设的各个方面吸收其他试点现有的能够借鉴的地方，配合共同建设全国碳交易市场。并且针对试点市场建设过程中的共性问题予以解决，例如，明确碳排放权的属性、妥善处理相关的财税问题以及加强对机构的管理。在共同解决问题的过程中，形成一套科学、实用以及创新的碳交易市场建设体系。

10.4　湖北省碳交易市场政策与实践

10.4.1　控排范围与政策法规

1）控排范围

湖北省 2014～2020 年间多次调整纳入碳排放配额管理企业的范围，在试点运行之初，湖北省试点相比其他试点纳入门槛较高，远超广东、重庆、天津等市场 2 万吨的准入门槛，这导致了湖北省纳入控排企业数量较少，覆盖范围仅达到全省排放企业的 35%（易兰和李朝鹏，2016）。随着试点工作的稳步推进，湖北省逐渐加大对企业碳排放的管理控制力度，从表 10-12 中可以发现，准入门槛由综合能耗 6 万吨标准煤及以上工业企业扩展为综合能耗 1 万吨标准煤及以上的工业企业,参与的企业数量也由 2014 年的 138 家增长至 2018 年的 338 家。虽然经历了多次调整,但电力、钢铁、水泥、化工四大行业仍为湖北省的碳排放重点控排对象。

表 10-12　2014～2018 年湖北省碳排放控排范围

年份	控排范围	企业数量	行业范围
2014	湖北省 2010 年、2011 年任一年综合能耗 6 万吨标准煤及以上的工业企业	138	电力、钢铁、水泥、化工等 12 个行业
2015	湖北省 2009～2014 年任一年综合能耗 6 万吨标准煤及以上的工业企业	167	电力、钢铁、水泥、化工等 15 个行业
2016	一是石化、化工、建材、钢铁、有色、造纸和电力等七大行业中 2013～2015 年间任意一年综合能耗 1 万吨标准煤及以上企业;二是其他 2013～2015 年间任意一年综合能耗 6 万吨标准煤及以上的工业企业	236	电力、钢铁、水泥、化工等 15 个行业
2017	湖北省 2014～2016 年任一年综合能耗 1 万吨标准煤及以上的工业企业	344	电力、钢铁、水泥、化工等 15 个行业
2018	湖北省 2015～2017 年任一年综合能耗 1 万吨标准煤及以上的工业企业	338	电力、热力及热电联产、钢铁、水泥、化工等 16 个行业

资料来源:《湖北省 2014 年碳排放权配额分配方案》《湖北省 2015 年碳排放权配额分配方案》《湖北省 2016 年碳排放权配额分配方案》《湖北省 2017 年碳排放权配额分配方案》《湖北省 2018 年碳排放权配额分配方案》

2)政策法规

湖北省作为唯一来自中部地区的试点,于 2014 年 4 月 2 日正式启动交易,在试点启动前后,为了保证湖北省碳交易市场的稳定运行,湖北省于 2013 年 2 月制定了《湖北省碳排放权交易试点工作实施方案》,提出了湖北省碳交易市场建设的总体思路、主要任务、重点工作、保障措施和进度安排。为了提高湖北省碳交易市场的运行效率,湖北省于 2014 年 6 月施行了《湖北省碳排放权管理和交易暂行办法》,作为湖北省碳交易试点的法律基础正式生效,并逐年对该办法进行修改,以适应碳交易市场发展的需求。为了科学分配和规范管理碳排放权配额,湖北省生态环境厅于 2020 年 8 月印发了《湖北省 2019 年度碳排放权配额分配方案》,确定了 2019 年度纳入碳排放配额管理的企业名单以及配额总量和有偿配额分配的计算方法。湖北省碳交易市场通过政策法规的不断完善,为湖北省碳交易市场的平稳运行和持续发展提供了有力保障。湖北省碳排放交易试点政策及规则如表 10-13 所示。

表 10-13　湖北省碳排放交易试点政策及规则

政策及规则	印发时间	印发单位
《湖北省“十二五”节能减排综合性工作方案》	2012.04	湖北省人民政府
《湖北省“十二五”控制温室气体排放工作实施方案》	2012.12	湖北省人民政府
《湖北省碳排放权交易试点工作实施方案》	2013.02	湖北省人民政府

续表

政策及规则	印发时间	印发单位
《湖北省碳排放权交易注册登记管理暂行办法（试行）》	2013.12	湖北碳排放权交易中心
《湖北省碳排放权配额分配方案》	2014.04	湖北省发展和改革委员会
《湖北省碳排放权管理和交易暂行办法》	2014.06	湖北省人民政府
《湖北省温室气体排放核查指南（试行）》	2014.07	湖北省发展和改革委员会
《湖北省工业企业温室气体排放监测、量化和报告指南（试行）》	2014.07	湖北省发展和改革委员会
《关于 2015 年湖北省碳排放权抵消机制有关事项的通知》	2015.04	湖北省发展和改革委员会
《湖北省碳排放配额投放和回购管理办法（试行）》	2015.09	湖北省发展和改革委员会
《湖北省 2015 年碳排放权配额分配方案》	2015.11	湖北省发展和改革委员会
《湖北省碳排放权管理和交易暂行办法》	2016.11	湖北省人民政府
《湖北省应对气候变化和节能"十三五"规划》	2016.12	湖北省人民政府
《湖北省 2016 年碳排放权配额分配方案》	2017.01	湖北省发展和改革委员会
《湖北省"十三五"节能减排综合工作方案》	2017.06	湖北省人民政府
《湖北省 2017 年碳排放权配额分配方案》	2018.01	湖北省发展和改革委员会
《2018 年湖北省碳排放权抵消机制有关事项的通知》	2018.05	湖北省发展和改革委员会
《湖北省 2019 年度碳排放权配额分配方案》	2020.08	湖北省生态环境厅

10.4.2　配额分配与价格走势

根据《湖北省碳排放配额投放和回购管理办法（试行）》，湖北省配额分配采取免费和有偿相结合的方式，并逐步提高有偿分配的比例。在七个试点地区中，广东和湖北作为省级试点，皆采用了配额竞拍机制。二者的主要区别在于：广东省的配额分配是免费和有偿发放相结合的方式，而湖北试点拍卖标的来源为政府预留配额，而不是企业的分配配额。此外，湖北省在配额分配方面重视配额分配灵活可控，初始配额分配整体偏紧。通过采用"一年一分配，一年一清算"制度，对未经交易的配额采取收回注销的方式。

根据 2020 年最新发布的《湖北省 2019 年度碳排放权配额分配方案》，湖北省配额分配遵循公平、公正、公开的原则，采用标杆法、历史强度法、历史法相结合的方法，按照事前分配与事后调节相结合的思路，期望通过建立稳定的市场调节机制实现湖北省碳排放配额科学分配和规范管理的目标。在预估全国碳交易市场实施履约工作推迟的情况下，湖北省通过规范纳入企业配额计算方法，继续进行上一年度的履约工作。根据 2019 年湖北省单位生产总值二氧化碳排放下降目标要求和经济增长预期,湖北省确定 2019 年度纳入企业碳排放配额总量为 2.7 亿吨。碳排放配额总量包括年初初始配额、新增预留配额和政府预留配额。湖北省生态环境厅最新公布的纳入企业配额的计算方法如下。

配额实行免费分配,采用标杆法、历史强度法和历史法相结合的方法计算。水泥(外购熟料型水泥企业除外)、发电行业采用标杆法,热力及热电联产、造纸、玻璃及其他建材、水的生产和供应、设备制造(部分)行业采用历史强度法,其他行业采用历史法。纳入企业先按其 2018 年实际履约量的一半预分配配额,再根据企业 2019 年实际生产情况核定实际应发配额,在预分配额的基础上多退少补[①]。

在纳入企业配额计算方法统一的条件下,根据企业核查报告进行配额的发放便有据可依。通过注册登记系统先发给企业预分配额,在完成企业碳减排量核查后联系当年实际生产情况便可核定其实际应发配额。企业核查报告是配额分配的唯一依据,配额计算方法是企业碳减排履约的基础。对于违反国家和省有关规定私自建设的或者根据国家和省有关文件要求应关未关的企业的机组、生产线或装置,该企业不予发放配额;已经发放配额的企业经核查存在违规行为的将按规定收回部分配额。

1)配额分配情况

湖北省碳交易市场于 2014 年 4 月 12 日正式开启,湖北省碳交易市场首日成交量和成交额夺得国内第一席位,并超过深圳市碳交易市场当时的累计成交额。碳交易网披露的数据显示(表 10-14),2018 年七个试点省市碳配额累计成交量约为 2.56 亿吨,累计成交额达 52.98 亿元,成交均价为 18.68 元/吨,湖北交易规模位居全国第一,成交价格最接近全国平均水平,湖北省成为全国规模最大的碳交易市场。

---

① **采用标杆法的企业配额计算方法**:预分配额 = 2018 年实际履约量×50%;企业实际应发配额 = 2019 年实际产量×行业标杆值×市场调节因子。**采用历史强度法的企业配额计算方法**:预分配额 = 2018 年实际履约量×50%;企业实际应发配额 = 2019 年实际产量×历史碳强度值×行业控排系数×市场调节因子;历史碳强度值等于企业2016~2018 年碳强度的加权平均值,特殊情况参考下文的基准年选取方式。**采用历史法的企业配额计算方法**:预分配额 = 2018 年实际履约量×50%;企业实际应发配额 = 历史排放基数×行业控排系数×市场调节因子/365×正常生产天数;历史排放基数为企业基准年间碳排放量的算术平均值;**市场调节因子与行业控排系数**:市场调节因子 = 1–(上一年度市场存量/当年年初初始配额总量),2019 年度的市场调节因子为 0.9723。市场调节因子适用于所有纳入企业。行业控排系数是用于核定企业既有设施排放配额的参数,依据各行业减排成本、减排潜力、行业竞争力、各行业碳排放历史变化趋势等因素综合测算确定。

在碳配额计算中,还需要基准年、基准排放量以及标杆值等关键因素,其各自的选取方式如下。按照纳入企业 2016~2018 年碳排放边界和碳排放量变化情况,基准年的选取方式有两种:其一是对于在 2016~2018 年未发生主要生产设施增减的企业,基准年为 2016~2018 年;其二是对于在 2016~2018 年因生产设施增减导致碳排放量发生重大变化的企业,选择变化后的年份设施的正常碳排放量作为核定配额的依据。若正常天数不足一年,则以正常生产天数的排放均值乘以 365 天折算成一年来核定配额。基准碳排放量发生在企业基准年期间,当设施累计停产不足 183 天时,其年度碳排放量根据实际日均碳排放量乘以 365 天予以修正。对于燃煤电厂各机组标杆值的选取标准为:超超临界以及 600 兆瓦超临界机组参考《煤电节能减排升级与改造行动计划(2014—2020 年)》中的先进值,300 兆瓦超临界及亚临界机组采用本省纳入企业同类型机组现役最先值。

表 10-14　2018 年七试点省市碳交易市场配额累计交易情况

试点省市（启动时间）	配额总量/亿吨	成交总量/万吨	成交总额/亿元	成交均价/（元/吨）
湖北（2014.04.02）	2.5	6049	12.05	19.92
广东（2013.12.19）	4.2	5921	9.91	16.74
上海（2013.11.26）	1.6	4021	9.16	22.78
深圳（2013.06.18）	0.3	3686	10.29	27.92
北京（2013.11.28）	0.5	2907	10.49	36.09
天津（2013.12.26）	1.6	2166	0.76	3.51
重庆（2014.06.19）	1.3	842	0.32	3.80
合计	12	25592	52.98	18.68

资料来源：根据碳交易网相关数据整理。

2）价格走势

从湖北省碳交易价格走势（图 10-10）中可以看出，湖北省的碳排放权交易中心自运行至 2020 年 12 月间，碳排放权交易的价格一直保持在 20 元/吨以上，相较于其他试点的碳交易价格运行比较平稳；自 2016 年 12 月起，湖北省的碳排放权交易价格一路下行，在 2017 年 12 月，跌至历史低点，价位跌至 15.26 元/吨。此后到 2019 年 6 月碳交易价格一直上升，价格上涨至 53.85 元/吨，2019 年 6 月后，湖北省碳排放权交易价格基本稳定在 25 元/吨上下。

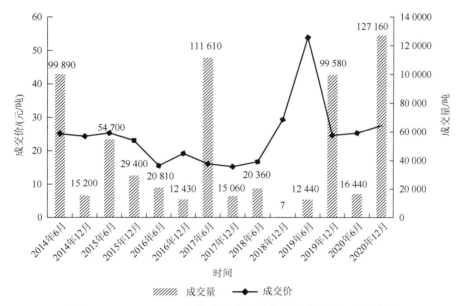

图 10-10　2014～2020 年湖北省碳交易价格走势及碳配额成交量

资料来源：碳排放交易网（http://www.tanpaifang.com/tanhangqing）

10.4.3 碳交易情况与 CCER 项目

1) 交易主体

《湖北省碳排放权管理和交易暂行办法》规定，碳排放权交易主体包括纳入碳排放配额管理的企业、自愿参与碳排放权交易活动的法人机构、其他组织和个人。碳排放权交易市场的交易品种包括碳排放配额、CCER 以及金融创新产品等。湖北省在配额交易的一级市场和二级市场均引入投资机构，二级市场允许个人投资者参加。截至 2020 年 8 月，参与湖北省碳交易市场的有 373 家企业，涉及电力、热力及热电联产、钢铁、水泥、化工等 16 个行业。

2) 流动性

湖北省碳交易市场的流动性是指市场中买卖碳配额的能力和效率。流动性良好意味着市场中碳配额的交易活跃，交易双方能够快速有效地完成交易。湖北省碳交易市场的流动性在近年来得到了极大的提升。随着碳交易市场建设的推进和政策的支持，市场参与者逐渐增多，交易规模逐年增长。这为市场的流动性注入了活力，通过分析可以发现，湖北省碳交易市场的流动性主要受多个因素的影响，包括政策支持与监管、信息透明度、交易平台的完善以及市场参与者的多样性。

首先，政府的政策支持和监管举措为碳交易提供了坚实的法律和政策基础，增强了市场参与者的信心。其次，信息透明度的提高使市场参与者更容易了解市场情况，做出明智的交易决策。此外，交易平台的不断完善和技术创新也为交易提供了便捷的渠道，加速了碳配额的买卖过程。最后，湖北省碳交易市场的流动性进一步受益于市场参与者的多样性。包括电力、热力及热电联产、钢铁、水泥、化工在内的不同类型的参与者都为市场注入了不同的需求和交易动力，促进了碳配额的交易活跃。同时，市场的逐步国际化也为境外企业和投资者提供了参与市场的机会，进一步增加了市场的流动性。

总的来说，近年来湖北省碳交易市场的流动性逐渐提升，市场参与者增多、政策支持和技术创新等因素相互作用，使市场成为碳交易的活跃场所，为碳减排的实现发挥了积极作用。

3) 履约情况

湖北省作为首批碳排放权交易试点省份，在 2014～2017 年 4 个履约周期的履约情况如表 10-15 所示，4 年来，碳排放权交易履约率均为 100%，利用市场机制促进节能减碳的效果明显。湖北省生态环境厅披露，2014～2016 年，控排企业碳排放量同比分别下降 3.14%、6.05%、2.59%；碳交易市场运行平稳，各项指标位居前列。截至 2018 年 12 月 31 日，配额总成交 3.23 亿吨，成交总额为 74.7 亿元。其中，配额二级市场累计成交量达 3.21 亿吨，占全国的 60.56%；成交额为 74.3 亿元，占全国的 66.65%。

表 10-15　2014～2017 年湖北省碳排放权交易履约情况

年份	履约数量	履约率/%
2014	138	100
2015	168	100
2016	236	100
2017	344	100

资料来源：根据碳交易网的相关数据整理。

4）CCER 项目

湖北省碳交易市场的 CCER 发展现状表明，CCER 在促进清洁能源的推广和碳减排方面发挥着重要作用。湖北省碳交易市场的 CCER 发展已经取得了积极进展。在国家能源政策的支持下，湖北地区可再生能源发电消纳量不断增加，而 CCER 作为一种市场化激励手段，为可再生能源项目参与减排交易提供了机会。湖北省碳交易市场的 CCER 发展还受益于市场机制的不断完善。市场参与者可以通过购买 CCER 来抵消其碳配额，从而在碳交易市场中达到碳减排目标。这为企业提供了更多的选择和灵活性，推动了碳减排和绿色发展的实现。

然而，湖北省碳交易市场的 CCER 发展也面临一些挑战。为了确保 CCER 的正常运行和交易的有效性，市场监管、交易流程和数据可靠性等问题需要不断完善。此外，市场参与者对 CCER 的认知和了解程度也需要提升，才能充分发挥 CCER 在推动可再生能源发展中的作用。总体来看，湖北省碳交易市场的 CCER 发展正在逐步壮大，作为可再生能源发展的支持手段，CCER 在促进碳减排和能源转型方面发挥着积极作用。未来，随着市场机制的进一步完善和政策的支持，CCER 有望在湖北地区继续发挥重要作用。

10.4.4　湖北省碳交易市场的主要特点及挑战与问题

1）主要特点

总体来说，湖北省碳交易市场比较具有代表性，试点运行以来表现良好，不仅在碳金融产品形式创新上走在各试点前列，在对纳入监管企业的约束上也成效显著，对全国碳交易市场的建立具有一定的参考意义。

（1）试点具有代表性。湖北省作为七个试点中唯一的发展中省份，其省内经济发展水平差异较大、产业结构调整尚未完全到位，与中国总体情况有较多相似之处，湖北省开展试点工作可以积累宝贵的经验，对全国碳交易市场的建设具有一定的借鉴意义。

（2）碳交易市场运行表现良好。随着湖北省碳交易市场的运行，其政策经过不断调整，纳入门槛调低，纳入企业数量增多，覆盖的碳排放范围不断扩大，同时，湖北省还引入了个人以及合格境外投资者，截至 2018 年 12 月 31 日，参与湖北省碳交易市场的有 344 家控排企业、204 个机构、8942 名个人以及合格境外投资者，多元交易主体的参与以及控排企业的"刚需"交易有效提高了湖北省碳交易市场的活跃度，其配额总成交量位居全国第一。

（3）碳交易产品创新力度大。湖北省碳金融创新一直走在全国前列，除配额、CCER 等基础类产品外，湖北省先后推出了碳基金、碳资产质押融资、碳债券、碳资产托管、碳金融结构性存款、碳排放配额回购融资等创新产品，湖北省创新碳金融交易产品种类极大地丰富了碳排放产品体系，为激发市场活力、完善市场建设做出了有益探索。

（4）具有履约约束机制。湖北省出台了对未履约企业下期配额予以扣发的规定，鼓励企业交易持有配额，配额扣发处罚作为行政处罚不足的补充措施，有效促进了现货市场的配额交易。湖北省建立了违约企业黑名单制度，通过社会公开方式形成的道德约束促使企业主动履约。

2）挑战与问题

虽然湖北省碳交易市场自试点以来，在市场建设、交易监督、产品创新等方面日益完善。但是，随着市场的发展，试点在成长过程中面临的挑战与问题也日益凸显，主要表现在以下三个方面。

（1）数据披露不全面。湖北省碳交易数据披露不足是多方面的，从湖北省碳交易试点披露数据范围来看，试点的碳配额分配明细、企业碳排放明细等基本数据尚未公布，在没有准确的基础数据的背景下，碳交易市场运行的"市场化"难度加大，对流动性势必造成不利的影响。建议参考欧盟碳交易市场的建设经验，从立法层面做出信息公开的法律支持，参与碳交易市场活动的各相关主体建立相应的碳信息披露制度，定期披露国家和企业层数据信息，公开绩效标准，接受公众监督，促进湖北省碳交易市场的规范化、成熟化和国际化。

（2）流动性不足。虽然湖北省碳试点自运行以来，碳交易总量一直走在各试点前列，交易规模居全国第一，但其流动性动力不足。以 2018 年为例，湖北省碳配额总量为 2.5 亿吨，成交总量为 0.6 亿吨，成交比例仅为 24%[①]。碳交易市场流动性不足是各试点都面临的问题，碳交易市场流动性不足会使市场参与者看低碳交易市场，削弱碳交易市场参与者的交易积极性，积极促进全国碳交易市场建立，通过全国碳交易市场布局打破碳交易的地域限制，可以有效促进

---

① 根据碳交易网披露的数据整理。

中国碳交易市场的快速成长，提高碳交易的流动性。

（3）碳排放核算标准尚未统一。由于中国碳排放核算标准体系的建设尚处于摸索阶段，国际标准只能作为参考性标准，不能完全照搬照抄，湖北省碳交易市场发展受系统测算碳排放的理论体系和操作流程问题制约明显，不利于湖北省碳交易市场的进一步发展。

虽然湖北省碳交易市场在运行过程中存在一定的问题，但总体发展情况良好，对全国碳交易市场的建立具有支撑作用，对中部地区各省份碳交易市场的建立具有示范意义。

通过对湖北省碳交易市场的研究，对比其他试点地区碳交易市场建设的先进经验，湖北省碳交易市场可以对比自身不足，吸取其他试点的先进经验和教训，建议湖北省碳交易市场可以从以下五个方面着手，对碳交易市场实行进一步的完善和发展。

（1）统筹协调经济发展与节能减排事宜。湖北省作为中部重点地区，肩负着"中部崛起"的发展重任，"十三五"期间，湖北省地区生产总值将继续保持增长趋势，地区生产总值的增长需通过能源消耗来支撑，能源消耗的增加势必伴随碳排放总量的增长，平衡好经济增长和节能减排的关系，有利于湖北省兼顾发展和效率。

（2）合理确定碳配额分配及碳排放核查机制。湖北省作为碳交易市场试点之一，应积极发挥试点的带头作用，应从试点角度积极推进碳配额分配及碳排放核查机制的创新，推动碳排放核算体系的建设和完善，通过科学的温室气体盘查、统计与检测建立有效的碳排放评估体系，推动碳配额分配机制的公平化、合理化。

（3）通过提高碳配额拍卖比例来提高配额配置效率。针对湖北省碳交易市场流动性不足的问题，建议湖北省通过拍卖发放配额，向市场主体提供排放的成本信号，企业通过减排行为降低购买排放配额的成本，能有效提高企业推动节能减排的积极性和主动性。同时，把政府对企业的配额分配转变为企业的内部决策，可以规避配额分配中的信息不对称问题。

（4）完善资源价格形成机制，建立碳价格调控机制。充分发挥市场机制作用，建立统一、开放、竞争、有序的资源市场体系，提高资源产品的配置效率，建立健全反映市场供求关系、资源稀缺度以及环境成本的资源能源价格机制。同时，建立碳价格调控机制，对碳价格的异常波动进行调节。政府在初始配额分配时，可预留一部分配额，建立碳价格调控储备基金，碳价格在正常波动范围内，政府不予干预；碳价格波动过大时，政府动用储备出手干预。

（5）合理引导碳金融产品创新方向。湖北省试点在具有丰富金融工具创新经验的基础上，应建立健全碳金融产品规范管理机制，制定完善的交易和结算工具的规则和条例，合理运用金融工具，设计金融产品，控制金融风险，促进湖北省碳交易市场的有序、健康、快速发展。

10.5　重庆市碳交易市场政策与实践

10.5.1　控排范围与政策法规

1）控排范围

重庆市规定的控排范围包括：2008～2012 年任一年度排放量达到 2 万吨二氧化碳当量的工业企业，自愿加入并经主管部门批准纳入碳排放控制管理的碳排放单位；市政府指定的其他碳排放单位，企业配额分配根据企业历史排放水平和产业减排潜力等因素确定，通过登记簿向配额管理单位发放配额。

重庆市碳排放的主要领域是工业行业。重庆作为国家老工业基地，传统产业尤其是重化工业比重大，在能源结构上以化石能源为主，工业污染面广、量大。从重庆历年尤其是近年来各产业的能源消耗来看，其碳排放主体包括煤炭开采业，电力、热力生产和供应业，化学制品制造业等。相关碳排放数据显示，这些产业的碳排放量占重庆工业的比重超过 90%（高旻和付海，2014）。

2）政策法规

重庆市碳交易市场建立了"1＋3＋6"的政策体系，"1"为《重庆市碳排放权交易管理暂行办法》；"3"为《重庆市碳排放配额管理细则（试行）》《重庆市工业企业碳排放核算报告和核查细则（试行）》《重庆联合产权交易所碳排放交易细则（试行）》；"6"为《重庆市企业碳排放核查工作规范（试行）》、《重庆市工业企业碳排放核算和报告指南（试行）》和重庆联合产权交易所发布的交易结算管理、交易风险管理、交易信息管理和交易违约处理办法。

重庆试点自启动之初就注重创新。重庆市首创域内二氧化碳以碳冲抵方式实施碳交易，运用市场机制推进实现市域内碳减排，是七个试点碳交易市场中唯一以协议申报的方式开展碳排放权交易的碳交易市场。利用碳冲抵方式实施碳交易类似于证券市场的大宗交易平台。企业可以采取三种模式进行交易：定价申报，即卖方定好价格后在交易平台发布信息寻找买家；意向申报，仅发布买卖意向而未定价；成交申报则是买卖双方谈好价格后在平台上交易。

另外，重庆碳试点启动之初，就支持机构投资者和个人参与"炒碳"，以及采取 CCER 机制，这也是重庆市碳交易市场与其他试点不同的一方面。根据《重庆联合产权交易所碳排放交易细则（试行）》，注册资本金在 100 万元以上的企业法人、净资产在 50 万元以上的合伙企业及其他组织，以及金融资产在 10 万元以上的个人均可参与碳交易。

重庆市于 2014 年 6 月 19 日正式启动碳交易，以重庆碳排放交易中心为交易平台，交易品种主要包括配额、CCER 及其他依法批准的交易产品。

重庆市现有的补充机制包括每个履约期 CCER 使用数量不得超过审定排放量的 8%，减排项目应当于 2010 年 12 月 31 日后投入运行（碳汇项目不受此限），且属于以下类型之一：节约能源和提高能效，清洁能源和非水可再生能源，碳汇，能源活动、工业生产过程、农业、废弃物处理等领域减排。重庆市碳交易市场碳排放交易试点政策规则体系如表 10-16 所示。

表 10-16　重庆市碳交易市场碳排放交易试点政策规则体系

文件名称	发布年份	发布机构
《重庆市碳排放配额管理细则（试行）》	2014	重庆市发展和改革委员会
《重庆市碳排放权交易管理暂行办法》	2014	重庆市人民政府
《重庆市工业企业碳排放核算报告和核查细则（试行）》	2014	重庆市发展和改革委员会
《重庆市企业碳排放核查工作规范（试行）》	2014	重庆市发展和改革委员会

重庆市在 8 个试点碳交易市场中，较为突出的特征便是交易方式略显单一，如表 10-17 所示，主要是协议交易。协议交易也称为协议转让，是指在碳排放权交易中，交易双方通过自行协商达成一致意见后，向交易所申报并完成交易和结算的一种方式。在交易品种上，和其他试点碳交易市场相比，重庆缺少配额现货远期产品和林业碳汇、节能项目碳减排量这些可供交易的品种。交易方式单一且交易品种稀少的这种现状，会导致供需双方的选择有限，碳交易市场缺乏多样化的投资渠道，难以通过公开市场充分博弈，进而影响碳交易市场的有效定价。

表 10-17　8 个试点碳交易市场情况

试点地区	交易品种	交易方式	抵消机制
北京	配额现货、CCER、林业碳汇、节能项目碳减排量	公开交易、协议交易	不超过配额的 5%，本地 CCER 占 50% 以上
天津	配额现货、CCER	协议交易、拍卖交易、网络现货交易、网络动态竞价、挂牌交易	不超过当年排放量的 10%
上海	配额现货、CCER	挂牌交易、协议转让	不超过配额的 5%
湖北	配额现货、配额现货远期产品、CCER	电子竞价（定价转让）、协议交易	不超过配额的 10%，全部来自本地
广东	配额现货、配额现货远期产品、CCER	挂牌竞争、挂牌点选、单向竞价（公开竞价）、协议转让	不超过上年排放量的 10%，本地 CCER 占 50% 以上
深圳	配额现货、CCER	电子拍卖、定价点选、大宗交易、协议转让	不超过当年排放量的 10%

试点地区	交易品种	交易方式	抵消机制
福建	配额现货、CCER、林业碳汇	协议转让、单向竞价、定价转让、中远期现货交易	不超过当年排放量的10%，全部来自本地
重庆	配额现货、CCER	协议交易	不超过当年排放量的8%

10.5.2　配额分配与价格走势

1）配额分配情况

根据《重庆市碳排放配额管理细则（试行）》，重庆市对配额实行总量控制制度，对企业的配额量则采取企业主动申报制，碳交易市场配额分配上限控制较为宽松，大多数控排企业能够获取其需要的配额进行履约，并且为控排主体提供了足够的时间学习和适应碳交易市场体系，给予了企业极大的自主空间。在这样的政策下，企业的配额都处于过剩的状态，交易需求低迷，碳交易市场交易不够活跃，未能实现碳定价的功能。

重庆市碳交易市场 2013～2017 年配额总体处于盈余状态。五个履约年度，市场配额结余量为 1500 万吨二氧化碳当量，占配额发放总量的 2.9%；政府配额结余量为 6000 多万吨二氧化碳当量，占五个履约年度总量控制上限的 11.6%。

2018 年配额发放量小于审定排放量，初步估算缺口为 10 517 805 吨二氧化碳当量，综合考虑 2013～2017 年的市场配额结余，2018 年履约后市场配额盈余约为 480 万吨二氧化碳当量。

2）价格走势

重庆市碳交易市场成立于 2014 年 6 月，是七个试点中最后一家开市交易的[①]。自开市以来，重庆市碳交易市场交易集中度高，大都集中于履约期前后。由于经济情况落后于其他几个试点省市，碳交易市场基础也相对薄弱，成交均价在七个试点中排行最低。截至 2018 年 12 月 31 日，重庆市碳交易市场纳入的控排企业有 254 家，日最低成交均价只有 1.00 元/吨，活跃度仅为 0.2%，且交易量和交易额在七个试点中也居于末位。如图 10-11 所示，从 2014 年 12 月到 2020 年 12 月，重庆市碳交易市场最低成交价格是 2.77 元/吨，最高成交价格是 39.6 元/吨，在统计时期内平均成交价格为 18.10 元/吨。从成交量来看，图中也存在诸如 2016 年 6 月、2016 年 12 月、2020 年 6 月碳配额成交量为零的时间点，需要注意的是，这并不是说 2016 年全年碳配额成交量为零，而仅仅代表所对应的月份成交量为零，成交活动发生在 6 月或 12 月以外。

---

① 碳交易网，http://www.tanjiaoyi.com/article-1829-1.html。

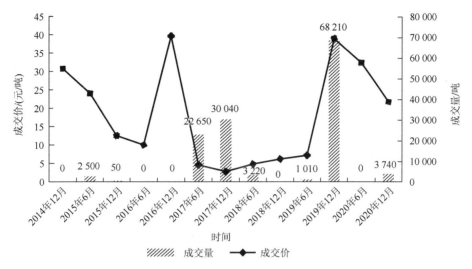

图 10-11　2014～2020 年重庆市碳交易价格走势及碳配额成交量

资料来源：碳排放交易网（http://www.tanpaifang.com/tanhangqing）

10.5.3　碳交易情况与 CCER 项目

1）碳交易情况

截至 2019 年 3 月 31 日，一、二级现货市场累计成交 2.96 亿吨，成交额为 64.47 亿元。广东、湖北成交量最高，位于第一梯队；深圳、上海、北京位于第二梯队；而天津、重庆、福建的成交量相对较低，位于第三梯队，如图 10-12 所示。

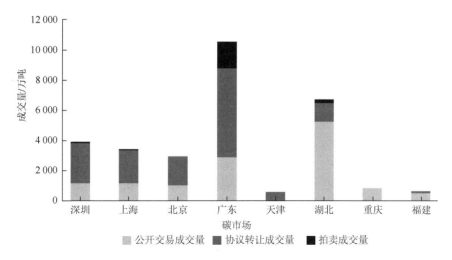

图 10-12　2019 年 3 月 31 日中国碳交易市场现货交易成交量

资料来源：碳交易网

2）流动性

从总体来看，重庆碳交易市场的流动性较低，碳价发现机制尚未形成，良好的价格机制也有待完善。主要表现在成交总量在配额总量中的占比较低，成交率不到10%（表10-18），每年履约期前一两个月交易量出现爆发式增长，其他月份则交易冷清。重庆市市场目前有效性不足，特别是对于企业来说，参与碳交易更多是被动应付地方政府的履约要求而非主动寻求投资机会。碳配额的价值在企业心目中仍然很低，长此以往将会削弱重庆市碳交易市场对投资者的吸引力[①]。

表 10-18　七个试点省市碳交易市场配额累计成交情况

试点省市	起始时间	配额总量/亿吨	成交总量/万吨	成交率/%	成交总额/亿元	成交均价/（元/吨）
深圳	2013～2017 年	0.3	2427	80.9	7.3	30.1
上海	2013～2017 年	1.6	2694	16.8	4.3	16.0
北京	2013～2017 年	0.5	2015	40.3	7.1	35.2
广东	2013～2017 年	4.2	4816	11.5	7.0	14.5
天津	2013～2017 年	1.6	350	2.2	0.5	14.3
湖北	2014～2017 年	2.5	5129	20.5	10.0	19.5
重庆	2014～2017 年	1.3	816	6.3	0.3	3.7

资料来源：根据碳交易网的相关数据整理。

3）履约情况

从履约情况来看，全国各个试点碳交易市场不同履约年度的履约情况均较好，上海更是完成了连续4年的100%履约。相较之下，重庆市碳交易市场的信息披露情况有待改进。重庆市碳交易的透明度和积极性都很低，所以其市场发育程度位于七家交易所的最后。重庆市在地理位置上位于中国内陆中心的位置，集西部与中部于一体，其碳交易的经验对中国形成统一碳交易市场有着重要的作用，面对极度不活跃的重庆市碳交易市场，重庆碳排放权交易中心要做的工作仍然较多。

4）CCER 项目

从项目数量来看，重庆 CCER 登记项目持续增加，新增项目类型也更加多样化。从交易情况来看，重庆 CCER 的交易量在快速增长，参与主体涵盖不同行业，交易方式也在不断创新。从价格走势来看，重庆 CCER 平均交易价格保持稳步上升的趋势。从减排效果来看，CCER 的良好发展有力促进了重庆地区的碳减排工

---

① 《低碳经济蓝皮书：中国低碳经济发展报告（2017）》。

作。从监管机制来看，重庆建立起 CCER 项目全生命周期监管体系，提升项目质量。从市场建设来看，重庆加强制度建设并丰富了交易工具，正在积极培育规范的 CCER 市场。

总的来说，近年来重庆 CCER 市场发展势头良好，项目规模扩大，交易活跃，减排效果明显，市场机制不断完善。CCER 的发展对重庆创建国家绿色低碳先行示范区，落实全球应对气候变化的责任起到了重要的支撑作用。

10.5.4　重庆市碳交易市场的主要特点及挑战与问题

1）主要特点

重庆市是中国西南地区唯一进入国家碳交易试点的城市，因为历史原因和发展机遇，碳交易市场基础相对薄弱，碳交易市场主要呈现出以下特点。

（1）与东部发达地区相比，发展的时机不同。因东部发达地区在经济迅速发展过程中，尚没有温室气体排放控制的约束，是先发展后治理的模式，而重庆面临边发展边治理的模式，要与东部地区同步实施低碳发展战略，相比之下，压力更大。为此，重庆市应设计低排放的能源结构和产业结构、推进低能耗的生产模式和消费模式，避免经济社会发展对碳排放的高碳锁定效应，保证全市控制温室气体减排任务妥善完成。

（2）重庆市碳交易市场成立时间较短，市场成熟度有待提高。重庆市碳价自开市至 2016 年 8 月一直处于下降趋势，从 30.74 元/吨跌到最低值 1 元/吨，之后又数次出现大的波动。除重庆外，中国碳交易试点的碳价变化逐步趋于平稳，呈现出自然的波动状态，相比之下重庆市的碳交易市场成熟度需要进一步提高。

（3）市场主体交易为主，政府调控手段不足。目前重庆市碳交易市场交易价格主要以市场主体交易形成，但交易规模小和活跃度低、市场主体专业水平不足，造成市场信息不对称，进而导致在 2013～2016 年配额较为宽松的阶段，配额价格维持在相对比较高的水平，2017～2018 年配额紧缺的情况下配额价格却处于较低的水平，配额价格不能反映配额的稀缺程度，需要引入有偿分配竞价机制来发挥碳交易市场的定价功能。在碳交易市场建设初期，政府灵活化采取市场调控手段具有一定的必要性。

2）挑战与问题

重庆市碳交易市场面临的最主要问题之一是：重庆试点的碳交易活跃度较低。根据《重庆市碳排放配额管理细则（试行）》，重庆市配额发放不同于其他六个试点省市，是基于总量控制的配额申报制度。重庆政府只负责总量控制，配额数量由企业自己确定，给企业的自主空间很大。同时，重庆市采取按照控排主体历史最高年度排放量确定其历史排放量的制度。上述的具体政策导致配额管控过于宽松，甚至

"企业申报多少配额就发放多少配额"，在 2018 年度的配额申报已经超过了排放总量限制。配额严重过量，是重庆试点交易冷清、活跃度不足的主要原因。

重庆市碳交易市场仍处于初级阶段，经济发展程度与其他试点地区相比较为落后。在碳交易机制的设计过程中，应充分考虑重庆市老工业基地的产业结构特点，以及低碳转型的时代要求，在结合其他试点地区现有经验和教训的基础上，设计适合当地情况、具有鲜明特点的配额分配方式。

在提升市场交易活跃度方面，重庆地区可以尝试在以下几个方面入手，政府、碳排放权交易所和参与控排的企业单位都要积极面对已经到来的碳交易时代：企业要积极应对和学习碳交易相关的知识，培养碳交易的人才，主动进行市场交易才不会落于市场之后，才能将挑战转化为机遇，为企业在全新的碳交易竞争中赢得一席之地。

10.6　广东省碳交易市场政策与实践

广东省是中国第一经济大省，碳交易市场也是最为活跃的。作为国内首个碳排放交易市场，广东省为全国碳交易市场的发展做出了巨大的贡献。自 2012 年 9 月 11 日广州碳排放权交易中心成立以来截至 2018 年 6 月 20 日，广东省碳交易市场累计成交量达 8091 万吨，占七大试点碳交易市场的 33.7%；累计成交金额达 17.1 亿元，成为国内首个交易额突破 15 亿元大关的试点市场。

10.6.1　广东省碳交易市场控排范围

广东省规定的控排范围包括：2014 年的控排方案纳入碳排放管理和交易的企业主要包括电力、钢铁、石化和水泥四个行业企业。其中控排企业包括本省行政区域内（深圳市除外，下同）电力、钢铁、石化和水泥四个行业年排放 2 万吨二氧化碳（或年综合能源消费量 1 万吨标准煤）及以上的企业，共 193 家；新建项目企业包括本省行政区域内电力、钢铁、石化和水泥四个行业规划新建（含扩建、改建）的，2014～2015 年建成投产后年排放 2 万吨二氧化碳（或年综合能源消费量 1 万吨标准煤）及以上的固定资产投资项目企业，共 18 家。2016 年的控排方案做出了小部分的修改，其中控排企业包括本省行政区域内电力、钢铁、石化和水泥等行业年排放 2 万吨二氧化碳（或年综合能源消费量 1 万吨标准煤）及以上的企业，共 189 家；新建项目企业包括本省行政区域内电力、钢铁、石化和水泥等行业已列入国家和省相关规划，并有望于 2016～2017 年建成投产且预计年排放 2 万吨二氧化碳（或年综合能源消费量 1 万吨标准煤）及以上的新建（含扩建、改建）项目企业，共 29 家。

广东省于 2016 年将造纸、航空两大行业纳入控排范围后，碳配额总量得到大幅的提升，在之前 2013～2015 年已纳入广东省控排范围内的行业的碳配额总量也有所增加，但是增加的配额总量并不多。具体数据如图 10-13 所示。

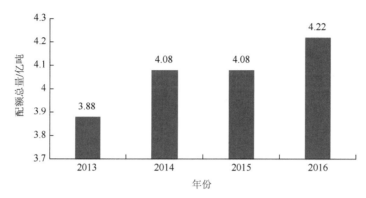

图 10-13　2013～2016 年广东省控排范围内行业的碳配额总量

资料来源：《广东碳排放权交易试点分析报告（2016—2017）》，广东省发展和改革委员会

广东省的补充机制于 2017 年 4 月 17 日做出了重大突破，广东省发展和改革委员会发布《关于碳普惠制核证减排量管理的暂行办法》，正式将碳普惠核证自愿减排量（puhui certified emission reduction，PHCER）纳入碳排放权交易市场补充机制。在近几年的碳交易市场机制的创新中，广东省碳金融创新成效显著，建成了国内首个新能源资产投融资平台以及金融服务平台。

10.6.2　配额分配与价格走势

1）配额分配

根据广东省碳排放交易管理工作的总体部署，不同的行业有着不同的碳配额分配方法（在表中以"✓"表示对方法的选取），见表 10-19。

表 10-19　广东省不同行业的碳配额分配方法

行业		基准线法	历史法	历史强度法
电力	纯发电机组	✓		
	燃煤热电联产机组	✓		
	燃气热电联产机组		✓	
水泥	熟料生产、粉磨、白水泥生产	✓		
	矿山开采、其他粉磨等		✓	

续表

	行业	基准线法	历史法	历史强度法
钢铁	长流程	✔		
	短流程及其他		✔	
	石化		✔	
	航空	✔		
造纸	纸浆制造、机制纸及纸板制造、纸制品后加工	✔		
	特殊造纸和纸制品生产			✔

资料来源:《广东碳排放权交易试点分析报告(2016—2017)》。

2)价格走势

广东省的碳交易价格在该省碳交易制度成立之初达到高点,为 61.18 元/吨,但随后就呈现出下降的趋势,在 2014 年 12 月～2020 年 12 月逐渐趋于稳定。广州碳排放权交易中心的成交量主要集中在 2016 年 6 月、2017 年 6 月、2018 年 6 月。在后疫情时代,广州碳排放权交易中心的碳配额成交量也出现逐渐回升的趋势,从 2019 年 12 月的 11252 吨上升至 2020 年 12 月的 83066 吨。具体数据如图 10-14 所示。

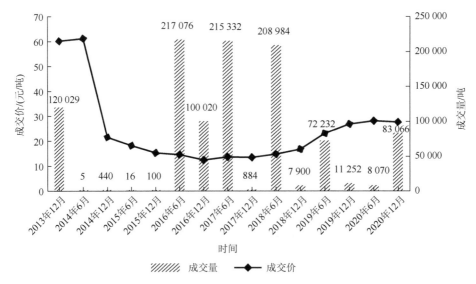

图 10-14　2013～2020 年广东省碳交易价格走势及碳配额成交量

数据来源:碳排放交易网(http://www.tanpaifang.com/tanhangqing)

10.6.3 碳交易情况与 CCER 项目

1) 碳交易概况

广东省从 2013 年底正式启动运行碳交易市场，于 2018 年 6 月 20 日顺利完成第五个履约年度的配额清缴履约工作，履约率已连续四年达 100%。相比其他各试点，广东省的数据统计及信息披露情况是很好的，碳交易市场的透明度和积极性都很高。广东省碳交易市场近几年积极完善企业数据收集及报送工作，组织企业完成试点报告以及履约工作，收集企业碳排放和温室气体排放数据，并对收集到的数据经过专家评审、复查以及抽查等流程，最后上报给国家，提升各部门的碳交易市场参与能力。

虽然广东省碳交易市场已经达到了相对成熟的水平，但是仍需优化。需要继续为全国碳交易市场的机制设计提供宝贵的经验以及发挥支撑作用，联合建设全国碳排放权注册登记系统和交易系统，对试点及非试点地区拟纳入全国碳交易市场的重点排放单位开展能力建设培训。广东省是全国碳交易市场平稳衔接工作的重点省份，要进一步完善碳交易试点机制设计、碳排放管理和交易的监管，实现碳交易市场由区域碳交易市场到全国碳交易市场的平稳、逐步过渡。

2) 交易种类

广东省的碳交易市场交易是按照《广州碳排放权交易中心碳排放配额交易规则（2019 年修订）》来进行的，其主要是针对广东省碳排放配额（Guangdong emission allowance，GDEA）以及经广东省生态环境厅批准的其他交易品种的交易市场。企业可以通过以下的交易模式来进行交易：挂牌选点，交易参与人提交卖出或买入挂单申报，确定标的数量和价格，意向受让方或出让方通过查看实时挂单列表，点选意向挂单，提交买入或卖出申报，完成交易；协商转让，非个人类交易参与人通过协商达成一致并通过交易系统完成交易；经广东省生态环境厅批准的其他方式。

广东省于 2012 年 9 月 11 日正式启动碳排放权交易，以广州碳排放权交易中心为交易平台，交易品种主要包括碳排放配额、CCER、PHCER 及其他依法批准的交易产品。

3) CCER 项目

在 CCER 交易方面，从 2019 年 9 月 30 日到 10 月 11 日，重庆市碳交易市场在该时间段内无 CCER 成交量记录，全国 CCER 累计成交量为 2.008 亿吨。其中，上海 CCER 市场最为活跃，累计成交量为 8838.5 万吨（占比 44%）。广东、北京、四川的 CCER 市场也较活跃，其中广东省 CCER 累计成交量为 4022.1 万吨（占比 20%），居全国次席。其余各试点的 CCER 市场均在建设发展中，成交量不多，见图 10-15。

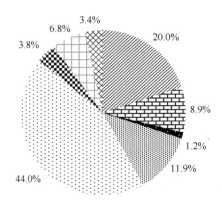

图 10-15　截至 2019 年 10 月 11 日累计全国各大碳市场 CCER 交易量比例

资料来源：碳交易网（http://www.tanjiaoyi.com/article-29086-1.html）

10.6.4　广东省碳交易市场的主要特点及挑战与问题

1）主要特点

广东省单位生产总值能耗居全国领先水平，碳生产力居全国前列。广东的地理位置具有泛珠区域合作优势，可以借助区位优势，加强与香港的合作，积极开展碳交易平台建设。广东省碳交易市场的特点如下。

（1）交易规模全国最大。在中国的 7 个试点中，广东省碳交易市场的规模最大。2013 年，广东省的配额达到了 3.88 亿吨，是除了欧盟外的全球第二大交易体系。正是因为规模大，市场机制才能够更好地在广东省碳交易中发挥作用，也为广东省碳期权、碳期货等金融衍生品的发展提供了良好的基础。

（2）配额分配机制更加成熟。广东省碳交易市场是首个尝试有偿竞拍的试点，拥有详细的配额分配调整流程，并由专门的机构进行配额调整的工作，很好地避免了其他因素的干扰。通过该模式，再加上政府的引导，能够给予市场一个合理的价格信号。并且，有偿竞拍会提高控排企业的排放成本，能够提高企业对节能减碳工作的重视，加大对减少碳排放的技术等方面的研究。

（3）碳排放监测、报告和核查（measurement，reporting，and verification，MRV）体系完善。广东省按照不同企业的发展情况，设定了不同的企业报告层级。每个企业都要根据自身的情况选择合适的参数和相应的报告层级。这样就能很好地将不同的企业区分开来，既检测了企业的接受程度，又很好地考察了企业的操作程度。为了提高企业上报参数以及报告层级的准确性，广东省给予准确性高的企业额外的奖励，即更多的配额。这样能够激励企业改进计量与检测条件，从而可以提高二氧化碳排放报告的数据质量。

2）挑战与问题

未来一段时间，广东省碳交易市场建设仍面临着以下几个方面的挑战。

（1）加大对法律体系完善的支持。完善的法律体系是碳交易制度顺利实施的前提与基础。但是，中国现在并没有碳交易方面的专门法律，广东省也不像深圳、北京一样在地方人民代表大会层面出台相应的决定。正是立法层次不高，导致企业参与积极性不足、制度的执行力度有限等情况。

（2）配额盈余在全国市场的使用问题。广东省碳交易市场的发展对全国碳交易市场的建立和顺利发展起到关键性的作用。广东省政府以及各企业需要更加积极地做好相关准备。由于原试点控排企业纳入全国碳交易市场后，将要面临较大的不确定性因素。部分企业在广东省碳交易市场期间，通过节能技改、碳资产管理等方式实现了配额盈余。但是，这些盈余的配额在企业纳入全国碳交易市场后，能否继续在全国碳交易市场中使用，国家未有明确的政策规定，因此存在一定的不确定性。在这个方面有待于进一步的研究和探讨。

（3）行业覆盖范围扩大的相关准备。拓展行业覆盖范围是广东省碳交易市场的内在需求，同时也是全国碳交易市场示范先锋的应有追求。为了增大碳交易市场的流动性，减少碳泄漏，稳定碳价，广东省碳交易市场在建立之初，已分批、分期纳入电力、水泥、钢铁、陶瓷、石化、纺织、有色、塑料、造纸等工业行业及交通运输和建筑行业。目前已纳入电力、水泥、钢铁、石化、造纸、民航六大行业，具备一定的扩大行业覆盖范围的基础条件。广东省碳交易市场扩大行业覆盖范围，需要对这些行业的基础数据进行相应前期的准备、规划和宣传，进而使全社会以更低的成本实现减排目标，完善现有的碳交易市场十分必要。对广东省碳交易的优化，从整合现有政策、完善法律法规以及健全碳交易机制出发，优化广东省整个碳交易过程，使广东省能够更好地作为中国碳交易市场的试验田，为中国碳交易市场做出更多的贡献。

第11章　试点地区不同碳配额拍卖比例下发电行业减排成本研究

11.1　不同碳配额拍卖比例下北京市发电行业减排成本的模拟测算

11.1.1　碳配额分配与北京市发电行业减排成本研究

北京市碳配额以无偿分配为主，逐年分配，并预留不超过年度配额总量的5%用于拍卖。在免费分配方式上，火电企业采取行业标杆法，其他行业采取历史排放法。北京市发展和改革委员会负责北京市碳配额的核定及分配工作，采用历史法和基准线法对控排单位进行配额核定。北京市碳交易市场的配额分配整体上坚持适度从紧的原则，在有效保证市场运行平稳的前提下保持市场的需求弹性。北京试点的配额分配措施使北京市碳交易市场形成了配额总量供应偏紧、刚性需求较旺盛的局面。相对于其他试点，北京市实行严格的配额分配，为其形成稳定的碳交易市场和较高的碳价格做出了重要贡献。北京市碳配额主要为免费分配，在充分考虑行业承受能力的情况下，应逐步降低免费配额的比例。同时，企业需要更多地在非履约日交易以应对履约需求，进而活跃碳交易市场日常交易。通过对北京市碳配额拍卖比例对发电行业减排成本影响的研究，可以为北京市从配额免费分配机制平稳顺利地过渡到配额有偿拍卖的分配机制提供有力的数据支持。

11.1.2　碳排放权影子价格测算

1. 回归系数测算

根据模型，搜集北京市2001～2015年生产总值、资本存量、劳动力、碳排放有关的数据，以超越对数生产函数优化模型为理论依据，运用岭回归方法获得系数。将系数代入超越对数生产函数后计算15年相应的北京市碳排放权影子价格，最后计算出2020年的影子价格。

2013年我国碳交易试点刚刚建立，在2012年以前并没有碳交易的相关数据，因此，本书将时间段分为2012年以前及2012年以后两个部分。运用2000～2012年的相关数据进行模型设计及验证,模型在通过可靠性测试后用于测算 2012 年之后年份的碳排放权影子价格。表 11-1 列出了北京市地区生产总值、资本存量、劳动力、碳排放相关数据。

表 11-1　岭回归原始数据（地区生产总值、资本存量、劳动力及碳排放）

年份	地区生产总值（Y_t）/亿元	劳动力（L_t）/万人	碳排放（E_t）/兆吨	资本存量（K_t）/亿元
2001	3 708	628.9	62.8	2 970.363 37
2002	4 315	679.2	77.4	3 283.566 86
2003	5 007	703.3	82	3 614.979 69
2004	6 033	854.1	88	3 995.012 97
2005	6 970	878	92	4 506.876 74
2006	8 118	919.7	97	5 061.140 65
2007	9 846.81	942.7	103	5 678.687 48
2008	11 115	980.9	99	6 056.532 81
2009	12 153.03	998.3	100	6 609.547 68
2010	14 113.58	1 031.6	103	7 315.160 88
2011	16 251.93	1 069.7	94	8 021.739 65
2012	17 879.4	1 107.3	97	8 901.346 26
2013	19 800.81	1 141	93	9 827.331 86
2014	21 330.83	1 156.7	92	10 742.414 4
2015	23 014.59	1 186.1	95.2	11 657.032 77

北京市地区生产总值:依据经济形势和政府政策,欧盟预测我国经济增长速度将放缓,但从实际表现来看,我国近几年的经济增长速度良好,即使在新冠疫情影响下我国也以 1.2%甚至更高的增长速率成为为数不多的经济增长大国。关于北京市地区生产总值的数据,见表 11-1。

资本存量:对于北京市的固定资本存量数据,《中国统计年鉴》上并没有公布,因此采用估算的方法确定基期的资本存量。本书运用资产评估估算方法中的资本产出比值法进行测算,当比值的算术平均数与几何平均数二者非常接近时,说明这一比值趋于稳定且数据可用。

劳动力:根据 2014 年联合国对全球人口的预测,中国工作年龄 15~64 岁人口数量和占比会在 2016 年达到峰值之后持续下降。2016 年中国 15~64 岁人口数量为 9.96 亿人,占总人口的比重为 73%。由于 15~64 岁人口并非全部作为劳动力人口存在,因此测算北京市劳动力人口的方法为:以中国 15~64 岁人口为基数并在此基础上乘以 80%。通过此测算方法可获得每年北京市的劳动力数量。

碳排放：碳排放量的测定以北京市单位生产总值二氧化碳排放量为主，通过数据分析发现，在单位生产总值二氧化碳排放量逐年递增的大背景下，从 2008 年开始出现碳排放量相比上一年增长率为负的良好转机。

将上述收集的数据（表 11-1）导入 SPSS 分析软件，在岭回归的过程中，先默认 k 值从 0 取到 1，在 $0 < k < 1$ 的区间进行岭回归估计，以 0.001 为步长回归测算，观察岭迹图及变化趋势。

如图 11-1 所示，该图主要用于分析模型系数变化和收紧程度，也就是判断岭参数 k 值的选择。图的横坐标表示岭参数 k 的估计区间，需要从中确定最合适的取值，进而确定模型的系数向量。图的纵坐标表示岭回归模型中的系数向量，也就是 8.1.1 节中的超越对数生产函数模型的各个系数向量。图中的每条曲线表示一个回归系数随着 k 变化的轨迹。在岭参数位于 0～0.001 时，可以看到对应每一个 k 值，9 个自变量各自的系数取值区分起来相对容易，其系数在 –25～25 范围内变化。随着岭参数的增大，自变量系数会收缩并趋于稳定。

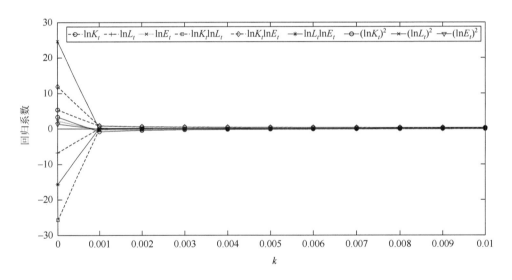

图 11-1　$0 < k < 0.01$ 时的岭迹图

$k = 0.018$ 的分析结果如下：

$$\ln Y_t = 0.171 + 353\ln K_t - 0.167\ln E_t + 0.202\ln L_t + 0.024\ln K_t\ln L_t + 0.039\ln K_t\ln E_t$$
$$+ 0.011\ln L_t\ln E_t + 0.019(\ln K_t)^2 + 0.016(\ln L_t)^2 - 0.009(\ln E_t)^2$$

方程式变形为碳排放权影子价格 P_{E_t}，如下：

$$P_{E_t} = \frac{Y_t}{E_t} \times (-0.167 + 0.039\ln K_t + 0.011\ln L_t - 2 \times 0.009\ln E_t)$$

2. 2001～2015 年北京市碳排放权影子价格

将岭回归的原始数据代入上式，可测得 2001～2015 年中国碳排放权影子价格，测算结果见表 11-2。除 2002 年以外，整体来看，2001～2015 年间碳排放权影子价格呈现上涨趋势。

表 11-2 北京市碳排放权影子价格变化趋势

年份	碳排放权影子价格/（元/吨）	同比增长率/%
2001	8.34	2.64
2002	7.93	−4.92
2003	8.87	11.85
2004	10.29	16.01
2005	11.69	13.61
2006	13.25	13.34
2007	15.49	16.91
2008	18.60	20.08
2009	20.55	10.48
2010	23.69	15.28
2011	30.87	30.31
2012	33.63	8.94
2013	39.89	18.61
2014	44.33	11.13
2015	46.91	5.82

超越对数生产函数优化模型所获得的数据显示，碳排放权影子价格几乎每年以平均 10%的增速持续上涨，近年，北京、上海统计到的线上碳配额成交均价也分别保持在平均 10%的上涨幅度。超越对数生产函数优化模型所测得的增幅与近期所测得的平均增幅相一致，所以超越对数生产函数优化模型测算碳配额价格具有合理性和参考意义，可以用于评估测算 2015 年之后的碳排放权影子价格。

3. 2020 年北京市碳排放权影子价格预测

本书主要选取 2020 年北京市碳排放权影子价格进行预测，由于 2021 年我国启动了碳交易市场，发电行业是最早被纳入的，并在全国碳交易市场运行期间配额供给量充足且采取免费分配的方式，2021 年后拍卖数据有了新变化，未能及时收集。本书主要聚焦于全国碳交易市场启动前 6 个试点碳交易市场的拍卖研究，通过试点碳交易市场的拍卖机制研究为全国碳交易市场的拍卖机制施行提供经验借鉴和技术参考。

依据北京市"十三五"规划中的目标要求，经济保持中高速增长即地区生产总值年均增长约为 7%，加上在 2020 年初的新冠疫情对经济发展态势的冲击，结合已有的研究和中国宏观经济论坛报告，估测 2020 年北京市实际地区生产总值增速为 3.0%，已知北京市 2019 年的地区生产总值为 35 371 亿元，由此预测出 2020 年的地区生产总值为 $Y_{2020} = 36\ 432.13$ 亿元。

由于缺少对于资本存量的统计数据，因此，2020 年北京市的资本存量基于 2001～2015 年历史数据利用 Holt-Winters 算法进行预测，2016～2020 年北京市资本存量预测结果如表 11-3 所示，可知 $K_{t2020} = 14\ 126.4089$ 亿元。

表 11-3　利用 Holt-Winters 算法进行资本存量预测结果 （单位：亿元）

年份	2016	2017	2018	2019	2020
K_t 预测值	11 673.755 4	12 286.918 8	12 900.082 2	13 513.245 5	14 126.408 9

根据《北京市城市总体规划（2004—2020）》，2020 年北京市总人口规模规划控制在 1800 万人左右，年均增长率控制在 1.4%以内。查阅资料得知，2019 年北京市常住人口为 2153.6 万人，比 2018 年末减少 0.6 万人，年增长率为–0.03%。按照 2020 年北京市总人口规模年增长率为–0.05%计算，参照 2019 年北京市 15～59 岁人口数量占总人口的比例为 72.23%，劳动力人口可按照 18～54 岁、占比 68%进行估算。依据上述预测方法，北京市 2020 年劳动力人数为 $L_{2020} = 2153.6 \times 0.9995 \times 0.68 \approx 1463.72$（万人）。

《"十三五"控制温室气体排放工作方案》指出，到 2020 年单位 GDP 二氧化碳排放比 2015 年下降 18%，碳排放总量得到有效控制。《北京市 2020 年国民经济和社会发展统计公报》显示，2015 年北京市地区生产总值为 23685.7 亿元，2020 年北京市地区生产总值为 36102.6 亿元，结合 2020 年北京市万元地区生产总值二氧化碳排放量指标可以得到 $E_{2020}=1.97$ 亿吨。

根据 2020 年北京市劳动力人口（L_t）1463.72 万人，采用资本存量-GDP 比值法估算 2020 年北京市的资本存量（K_t）为 14 126.41 亿元，地区生产总值（Y_t）为 36 432.13 亿元，碳排放量（E_t）为 197.30 兆吨，测得 2020 年北京市碳排放权影子价格为 35.22 元/吨。

基于上述评估数据进行灰色预测，可以测算得出在 2020 年不同碳配额拍卖比例下北京市碳排放权影子价格，见表 11-4。

表 11-4　2020 年不同碳配额拍卖比例下北京市碳排放权影子价格

碳配额拍卖比例/%	碳排放权影子价格/（元/吨）
0	39.28
1	43.45
2	48.33
3	50.27
4	53.69
5	58.94
6	63.38
7	68.12
8	76.39
9	78.84
10	84.58

基于上述评估测算数据，可以评估测算得出 2020 年不同的碳配额拍卖比例下的碳排放权影子价格。当碳配额拍卖比例为 5%时，碳排放权影子价格为 58.94 元/吨；如果将碳配额拍卖比例提高到 10%，碳排放权影子价格将上涨至 84.58 元/吨。随着碳配额拍卖比例的增加，2020 年北京市预测影子价格呈增长趋势。

11.1.3　不同碳配额拍卖比例下的北京市发电行业碳减排成本测算

2020 年北京市不同碳配额拍卖比例下的发电行业减排成本评估结果见表 11-5。

表 11-5　2020 年北京市不同碳配额拍卖比例下的发电行业减排成本

碳配额拍卖比例/%	发电行业减排成本/（元/（千瓦·时））
1	14.36
2	17.28
3	25.61
4	32.87
5	41.22
6	56.38
7	76.54
8	96.31
9	112.55
10	135.8

11.1.4 不同碳配额拍卖比例下的北京市发电行业最优电源结构

发电行业按能量传输过程可以分为发电侧、需求侧和电网侧三个环节。发电行业二氧化碳排放主要集中在发电环节，发电侧减排措施主要归为三类：调整能源结构、提高化石能源利用效率以及二氧化碳捕获和封存技术应用。电源结构方面，采用低碳燃料或可再生能源、核能等近零排放能源替代煤炭发电实现电源结构调整是实现减排远景目标最重要的措施。而目前中国的商品能源还是以煤为主，中国较难完成发达国家及经济转型国家所完成的煤炭向石油的能源转换，而且世界形势也不允许中国更大量地进口石油、天然气。加上中国煤炭、水能资源丰富的先决条件，决定了中国发电能源结构将基本保持以煤为主，水电次之，其他较少的格局。

在计算方法上，首先搜集数据。数据包括北京市的全社会用电量（D），不同能源发电的装机容量（s_1, s_2, s_3, s_4, s_5），不同能源下的二氧化碳排放（E_1, E_2, E_3, E_4, E_5），不同能源下的发电成本（c_1, c_2, c_3, c_4, c_5），以及影子价格 P_{E_t}，其次计算参数。运用系统动力学模型分析测算不同碳配额拍卖比例下发电行业的最优电源结构，即根据公式 $\sigma_n = \dfrac{1}{1 - \left(\sum_{j \in \Omega_n}(c_j s_j) \Big/ \left(\sum_{j \in \Omega_n} c_j \right) \times \left(\sum_{j \in \Omega_n} s_j \right) \right)}$ 求出参数以计算最优电源结构。运用公式 $\beta_{in} = \left(1 - \dfrac{c_i}{\sum_j c_j} \right) \times \dfrac{D_n}{S_n} \times \sigma_n$ 确立不同碳配额拍卖比例下火电、水电、风电、核电、太阳能发电及生物质能发电在发电侧中所占的最优比例（Zhao et al.，2024）。在发电行业最优电源结构的基础上，计算出最优结构下的二氧化碳排放量，并最终获得不同碳配额拍卖比例下发电行业所承担的减排总成本及边际减排成本。

在碳减排目标和碳排放需求的限制条件下，2020 年北京市不同碳配额拍卖比例下发电行业最优电源结构如表 11-6 所示。在电源结构上以气电、风力发电、太阳能发电、生物质发电为主，其他类似。

表 11-6 2020 年北京市不同碳配额拍卖比例下发电行业最优电源结构（单位：万千瓦）

碳配额拍卖比例/%	气电	风力发电	太阳能发电	生物质发电
0	5006.70	1632.76	1194.38	3494.98
1	4872.94	1732.09	1210.74	3712.44
2	4838.41	1833.97	1235.66	4678.07
3	4755.83	1863.23	1256.22	4760.67

续表

碳配额拍卖比例/%	气电	风力发电	太阳能发电	生物质发电
4	4748.64	1892.39	1276.70	4843.02
5	4741.46	1921.46	1297.13	4925.11
6	4734.31	1950.45	1317.50	5006.97
7	4727.18	1979.35	1337.79	5088.57
8	4720.08	2008.16	1358.03	5169.93
9	4712.99	2036.89	1378.22	5251.05
10	4705.92	2065.54	1398.34	5331.92

11.1.5　不同碳配额拍卖比例下北京发电行业减排成本预测

经过计算,我们获得了 2020 年不同碳配额拍卖比例下北京市发电行业的度电减排成本,见表 11-7。

表 11-7　2020 年不同碳配额拍卖比例下北京市发电行业的度电减排成本

碳配额拍卖比例/%	度电减排成本/（元/（千瓦·时））
1	0.078
2	0.096
3	0.108
4	0.138
5	0.164
6	0.153
7	0.186
8	0.202
9	0.238
10	0.274

11.2　不同碳配额拍卖比例下上海市发电行业减排成本的模拟测算

根据 2013～2018 年《上海市碳排放配额分配方案》,上海市碳配额分配以免费发放为主,采用行业基准线法、历史强度法和历史排放法确定纳管企业各年的基础配额。通过对上海市碳配额拍卖比例对发电行业减排成本影响的研究，可以为上海市从配额免费分配机制平稳顺利地过渡到配额有偿拍卖的分配机制提供有力的数据支持。

11.2.1　回归系数测算

根据 8.1.1 节中的超越对数生产函数模型，在要求该模型输出碳排放权影子价格之前，需要对模型中相应的自变量进行回归系数的测算，并最终确定以下碳排放权定价模型的各个系数，即 α_E、α_{KE}、α_{LE}、α_{EE}：

$$P_{E_t} = \frac{Y_t}{E_t} \times \left(\alpha_E + \alpha_{KE} \ln K_t + \alpha_{LE} \ln L_t + 2\alpha_{EE} \ln E_t \right)$$

有关碳排放权定价模型的原始数据如表 11-8 所示。首先采用岭回归的方法估计超越对数生产函数模型中的 9 个参数。

表 11-8　上海市岭回归原始数据

年份	地区生产总值（Y_t）/亿元	碳排放（E_t）/兆吨	劳动力（L_t）/万人	资本存量（K_t）/亿元
2001	5 257.66	75.36	1 102.77	2 187.19
2002	5 795.02	79.21	1 132.27	2 410.73
2003	6 804.04	84.33	1 167.22	2 830.48
2004	8 101.55	88.84	1 212.92	3 370.24
2005	9 197.13	96.15	1 249.46	3 826.01
2006	10 598.86	99.35	1 298.28	4 409.13
2007	12 878.68	102.54	1 364.03	5 357.53
2008	14 536.90	112.48	1 414.97	6 047.35
2009	15 742.44	117.92	1 461.00	6 548.86
2010	17 915.41	124.35	1 522.06	7 452.81
2011	20 009.68	126.78	1 557.01	8 324.03
2012	21 305.59	127.42	1 585.41	8 863.13
2013	23 204.12	126.72	1 618.41	9 652.91
2014	25 265.79	127.81	1 630.73	10 510.57
2015	26 887.02	129.32	1 624.53	11 185.00

资料来源：聚汇数据（https://gdp.gotohui.com/data-3）；《上海统计年鉴 2016》；杨上广. 长三角城市区域产业发展演化[M]. 北京：中国书籍出版社，2019.

将以上数据导入 SPSS 26.0 进行岭回归分析，得到岭迹图（图 11-2），该图主要用于分析模型系数变化和收紧程度，也就是判断岭参数 k 值的选择。图的横坐标表示岭参数 k 的估计区间，需要从中确定最合适的取值，进而确定模型的系数向量。图的纵坐标表示岭回归模型中的系数向量。图中的每条曲线表示一个回归系数随着 k 变化的轨迹。在岭参数为 $0\sim0.1$ 时，可以看到对应每一个 k 值，9 个自变量各自的系数取值区分起来相对容易，其系数范围在 $-0.1\sim0.6$ 范围内变化。随着岭参数的增大，自变量系数收缩并趋于稳定。

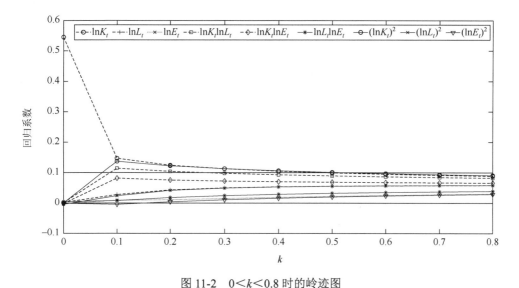

图 11-2　$0<k<0.8$ 时的岭迹图

根据方差扩大因子法可知当 k 取 0.019 时，满足岭参数已经基本稳定的条件。$k=0.019$ 时的分析结果为

$$\ln Y_t = 0.297 + 0.213\ln K_t + 0.071\ln E_t + 0.343\ln L_t + 0.019\ln K_t \ln L_t + 0.018\ln K_t \ln E_t$$
$$+ 0.011\ln L_t \ln E_t + 0.012(\ln K_t)^2 + 0.023(\ln L_t)^2 + 0.005(\ln E_t)^2$$

方程式变形为

$$P_{E_t} = \frac{Y_t}{E_t} \times (0.071 + 0.018\ln K_t + 0.011\ln L_t + 0.01\ln E_t)$$

11.2.2　上海市碳排放权影子价格测算

1. 2001~2015 年上海市碳排放权影子价格

经过计算，我们获得了上海市碳排放权影子价格，如表 11-9 所示。表中显示，上海市碳排放权影子价格逐年上涨。

表 11-9　2001～2015 年上海市碳排放权影子价格及其变化趋势

年份	碳排放权影子价格/（元/吨）	同比增长率/%
2001	23.00	2.64
2002	24.31	5.70
2003	27.12	11.56
2004	31.02	14.38
2005	32.87	5.96
2006	37.01	12.60
2007	44.12	19.21
2008	45.85	3.92
2009	47.66	3.95
2010	51.91	8.92
2011	57.26	10.31
2012	60.89	6.34
2013	66.99	10.02
2014	72.66	8.46
2015	76.67	5.52

2. 2020 年影子价格预测结果

采用与北京市 2020 年影子价格测算的相同方法，获得 2020 年上海市碳排放权影子价格。其中，2020 年上海市劳动力人口（L_t）为 1838.56 万人，采用资本存量-GDP 比值法估算 2020 年上海市的资本存量（K_t）为 16 099.44 亿元，地区生产总值（Y_t）为 38 700.58 亿元，碳排放量（E_t）为 194.86 兆吨，测得 2020 年上海市碳排放权影子价格为 75.62 元/吨。基于上述评估数据进行灰色预测，可以测算得出在 2020 年上海市不同碳配额拍卖比例下的碳排放权影子价格，见表 11-10。

表 11-10　2020 年上海市不同碳配额拍卖比例下的碳排放权影子价格

碳配额拍卖比例/%	碳排放权影子价格/（元/吨）
0	79.38
1	84.56
2	88.45
3	90.67
4	95.33
5	98.27

碳配额拍卖比例/%	碳排放权影子价格/（元/吨）
6	103.84
7	109.60
8	117.94
9	124.36
10	132.57

11.2.3　不同碳配额拍卖比例下上海市发电行业的最优电源结构

在碳减排目标和碳排放需求的限制条件下，表 11-11 显示了 2020 年上海市不同碳配额拍卖比例下发电行业的最优电源结构。电源结构以煤电、气电、太阳能发电、风能发电为主。

表 11-11　2020 年上海市不同碳配额拍卖比例下发电行业的最优电源结构（单位：万千瓦）

碳配额拍卖比例/%	煤电	气电	太阳能发电	风能发电
0	3992.59	3322.54	829.61	1548.28
1	3953.46	3384.38	862.99	1600.69
2	3916.48	3442.82	894.55	1650.22
3	3881.48	3498.13	924.40	1697.09
4	3848.32	3550.55	952.70	1741.52
5	3816.83	3600.30	979.56	1783.69
6	3786.91	3647.59	1005.08	1823.77
7	3758.44	3692.59	1029.38	1861.90
8	3731.31	3735.46	1052.52	1898.24
9	3705.43	3776.36	1074.60	1932.89
10	3680.73	3815.41	1095.67	1965.99

11.2.4　不同碳配额拍卖比例下上海市发电行业减排成本预测

经过测算，2020 年不同碳配额拍卖比例下上海市发电行业的总减排成本及度电减排成本如表 11-12 所示。

表 11-12　2020 年不同碳配额拍卖比例下上海市发电行业总减排成本及度电减排成本

碳配额拍卖比例/%	总减排成本/亿元	度电减排成本/（元/（千瓦·时））
1	8.26	0.074
2	14.33	0.091
3	20.81	0.114
4	26.45	0.168
5	34.12	0.192
6	44.29	0.228
7	54.38	0.265
8	62.15	0.286
9	70.68	0.318
10	86.69	0.346

11.3　不同碳配额拍卖比例下天津市发电行业减排成本的模拟测算

11.3.1　回归系数测算

表 11-13 所示数据，是采用岭回归模型需要输入的原始数据。通过图 11-3 得到合适的岭参数 k 值，代入 11.1.2 节计算碳排放权影子价格的模型，便可预测不同年份、不同碳配额拍卖比例下的碳排放权影子价格。由以下原始数据可知，天津市地区生产总值从 2001 年的 1919.09 亿元上升到 2015 年的 16 538.19 亿元，年均增长率达到 16.63%。天津市劳动力从 2001 年的 712.88 万人，增加到了 2015 年的 1098.33 万人，年均增长率达 3.14%。天津市碳排放从 2001 年的 62.54 兆吨，增加到了 2015 年的 228.8 兆吨，年均增长率达到了 9.71%。天津市碳排放的年均增长率远高于劳动力的年均增长率，同时又低于资本存量的年均增长率（13.91%）和地区生产总值的年均增长率，这说明天津市在 2001～2015 年经济增长方式较为粗放，地区经济增长对资源和能源的依赖程度较高，增长质量有待提升。

表 11-13　天津市岭回归原始数据

年份	地区生产总值（Y_t）/亿元	碳排放（E_t）/兆吨	劳动力（L_t）/万人	资本存量（K_t）/亿元
2001	1 919.09	62.54	712.88	730.87
2002	2 150.76	71.43	715.1	801.59
2003	2 578.03	75.58	718.02	939.24
2004	3 110.97	82.72	726.81	1 090.38

续表

年份	地区生产总值（Y_t）/亿元	碳排放（E_t）/兆吨	劳动力（L_t）/万人	资本存量（K_t）/亿元
2005	3 905.64	89.59	740.53	1 313.98
2006	4 462.74	90.41	763.25	1 471.89
2007	5 252.76	90.02	791.65	1 729.89
2008	6 719.01	92.7	834.96	2 155.88
2009	7 251.85	156.49	871.99	2 375.19
2010	9 224.46	134.29	922.5	2 841.61
2011	11 307.28	149.14	961.76	3 374.8
2012	12 893.88	143.14	1 003.34	3 761.89
2013	14 370.16	151.03	1 045.27	4 137.29
2014	15 726.93	149.94	1 076.94	4 426.49
2015	16 538.19	228.8	1 098.33	4 525.87

资料来源：数据基地（https://m.shujujidi.com/caijing/514.html）；聚汇数据（https://population.gotohui.com/pdata-4）；天津市统计局（https://stats.tj.gov.cn/tjsj_52032/tjnj）。

将以上数据导入 SPSS 26.0 进行岭回归分析，得到的岭迹图如图 11-3 所示，该图主要用于分析模型系数变化和收紧程度，也就是判断岭参数 k 值的选择。图的横坐标表示岭参数 k 的估计区间，需要从中确定最合适的取值，进而确定模型的系数向量。图的纵坐标表示岭回归模型中的系数向量。图中的每条曲线表示一个回归系数随着 k 变化的轨迹。在岭参数为 0～0.05 时，可以看到对应每一个 k 值，9 个自变量各自的系数取值区分起来相对容易，其系数在 −25～20 范围内变化。随着岭参数的增大，自变量系数会收缩并趋于稳定。

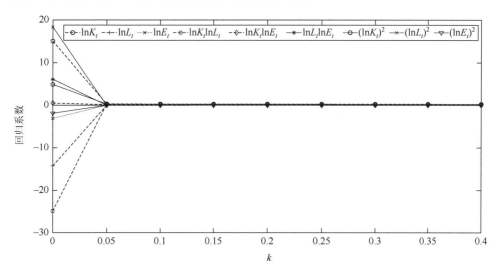

图 11-3　0＜k＜0.4 时的岭迹图

根据方差扩大因子法可知当 k 取 0.20 时，满足岭参数已经基本稳定的条件。当 $k = 0.20$ 时的分析结果为

$$\ln Y_t = -0.968 + 0.226\ln K_t + 0.086\ln E_t + 0.455\ln L_t + 0.023\ln K_t \ln L_t + 0.014\ln K_t \ln E_t$$
$$+ 0.012\ln L_t \ln E_t + 0.014(\ln K_t)^2 + 0.033(\ln L_t)^2 + 0.012(\ln E_t)^2$$

方程式变形为

$$P_{E_t} = \frac{Y_t}{E_t} \times (0.086 + 0.014\ln K_t + 0.012\ln L_t + 2 \times 0.012\ln E_t)$$

11.3.2　天津市碳排放权影子价格测算

结合表 11-13 的原始数据和 11.3.1 节得到的碳排放权定价模型，可以测算获得 2001～2015 年天津市碳排放权影子价格及变化趋势，见表 11-14。

表 11-14　2001～2015 年天津市碳排放权影子价格及变化趋势

年份	碳排放权影子价格/（元/吨）	同比增长率/%
2001	9.41	2.64
2002	9.33	−0.85
2003	10.66	14.26
2004	11.88	11.44
2005	13.94	17.34
2006	15.89	13.99
2007	18.93	19.13
2008	23.81	25.78
2009	15.60	−34.48
2010	23.22	48.85
2011	25.95	11.76
2012	30.97	19.34
2013	32.94	6.36
2014	36.44	10.63
2015	25.52	−29.97

2020 年天津市劳动力人口（L_t）为 970.62 万人，采用资本存量-GDP 比值法估算 2020 年天津市的资本存量（K_t）为 5827.33 亿元，地区生产总值（Y_t）为 14 083.73 亿元，碳排放量（E_t）为 204.86 兆吨，测得 2020 年天津市碳排放权影子价格为 24.32 元/吨。基于上述评估数据进行灰色预测，可以测算得出在 2020 年不同碳配额拍卖比例下天津市碳排放权影子价格，见表 11-15。

表 11-15　2020 年不同碳配额拍卖比例下天津市碳排放权影子价格

碳配额拍卖比例/%	碳排放权影子价格/（元/吨）
0	28.68
1	33.56
2	35.38
3	39.26
4	46.21
5	51.92
6	56.63
7	61.74
8	68.29
9	74.18
10	77.16

11.3.3　不同碳配额拍卖比例下天津市发电行业的最优电源结构

在碳减排目标和碳排放需求的限制条件下，2020 年天津市的发电行业的最优电源结构如表 11-16 所示。在电源结构上以煤电、气电、风电、太阳能发电、生物质发电为主。

表 11-16　2020 年天津市不同碳配额拍卖比例下发电行业的最优电源结构（单位：万千瓦）

碳配额拍卖比例/%	煤电	气电	风电	太阳能发电	生物质发电
0	4688.33	3809.72	3595.44	1803.55	4284.96
1	4680.78	3816.39	3608.31	1811.35	4306.10
2	4673.29	3823.01	3621.06	1819.10	4327.07
3	4665.86	3829.58	3633.71	1826.77	4347.88
4	4658.50	3836.11	3646.27	1834.39	4368.51
5	4651.18	3842.57	3658.71	1841.93	4388.96
6	4643.94	3848.98	3671.04	1849.42	4409.26
7	4636.75	3855.34	3683.28	1856.85	4429.37
8	4629.62	3861.64	3695.43	1864.22	4449.33
9	4622.54	3867.89	3707.47	1871.52	4469.12
10	4614.28	3809.72	3595.44	1803.55	4284.96

11.3.4 不同碳配额拍卖比例下天津市发电行业减排成本预测

根据以上电源结构优化结果测算不同碳配额拍卖比例下的天津市发电行业总减排成本以及度电减排成本，结果如表 11-17 所示。

表 11-17 2020 年不同碳配额拍卖比例下天津市发电行业总减排成本及度电减排成本

碳配额拍卖比例/%	总减排成本/亿元	度电减排成本/（元/（千瓦·时））
1	5.62	0.057
2	9.33	0.086
3	13.46	0.098
4	17.85	0.106
5	26.45	0.145
6	38.26	0.196
7	51.47	0.203
8	62.84	0.244
9	80.36	0.275
10	105.38	0.302

11.4 不同碳配额拍卖比例下湖北省发电行业减排成本的模拟测算

11.4.1 回归系数测算

表 11-18 所示数据，是采用岭回归模型需要输入的原始数据。通过图 11-4 得到合适的岭参数 k 值，代入前面 11.1.2 节计算碳排放权影子价格的模型，便可预测不同年份、不同碳配额拍卖比例下的碳排放权影子价格。由以下原始数据可知，湖北省地区生产总值从 2001 年的 3880.53 亿元上升到 2015 年的 30344.00 亿元，年均增长率达到 15.82%。湖北省劳动力从 2001 年的 4526.40 万人，增长到了 2015 年的 4680.0 万人，年均增长率达 0.24%。湖北省碳排放从 2001 年的 32.55 兆吨，增长到了 2015 年的 318.00 兆吨，年均增长率达到了 17.68%。湖北省碳排放的年均增长率远高于劳动力的年均增长率，同时也略高于资本存量的年均增长率（15.82%）和地区生产总值的增长率，这说明湖北省在 2001～2015 年地区经济增长可能过于依赖高能耗、高排放的传统制造业、原材料加工业等产业。

表 11-18　湖北省岭回归原始数据

年份	地区生产总值（Y_t）/亿元	碳排放（E_t）/兆吨	劳动力（L_t）/万人	资本存量（K_t）/亿元
2001	3 880.53	32.55	4 526.40	1 614.30
2002	4 212.82	34.62	4 537.60	1 752.53
2003	4 757.45	38.65	4 548.00	1 979.10
2004	5 546.78	43.01	4 558.40	2 307.46
2005	6 469.66	46.21	4 568.00	2 691.38
2006	7 531.80	51.54	4 554.40	3 133.23
2007	9 451.39	56.26	4 559.20	3 931.78
2008	11 497.46	67.38	4 568.80	4 782.94
2009	13 192.14	73.54	4 576.00	5 487.93
2010	16 226.94	82.26	4 579.04	6 750.41
2011	19 942.45	131.56	4 608.00	8 296.06
2012	22 590.89	216.38	4 624.80	9 397.81
2013	25 378.01	276.55	4 638.40	10 557.25
2014	28 242.13	320.15	4 652.80	11 748.73
2015	30 344.00	318.00	4 680.00	12 623.10

资料来源：聚汇数据；中国碳核算数据库；陈永杰，陈艳，甄真，等. 湖北省碳排放量的趋势特征及影响因素研究：1999-2007[C]//城市发展与社会政策国际学术研讨会. 上海行政学院，2010；湖北省统计局。

　　将以上数据导入 SPSS 26.0 进行岭回归分析。得到岭迹图如图 11-4 所示，根据方差扩大因子法可知当 k 取 0.056 时，满足岭参数已经基本稳定的条件。

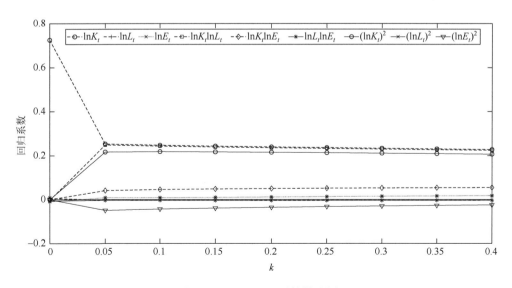

图 11-4　$0 < k < 0.4$ 时的岭迹图

根据 $k = 0.056$ 时的分析结果，可得

$$\ln Y_t = 1.63 + 0.291\ln K_t + 0.033\ln E_t + 0.106\ln L_t + 0.034\ln K_t\ln L_t + 0.006\ln K_t\ln E_t$$
$$+ 0.004\ln L_t\ln E_t + 0.016(\ln K_t)^2 + 0.005(\ln L_t)^2 - 0.001(\ln E_t)^2$$

方程式变形为

$$P_{E_t} = \frac{Y_t}{E_t} \times (0.033 + 0.006\ln K_t + 0.004\ln L_t - 2 \times 0.001\ln E_t)$$

11.4.2　湖北省碳排放权影子价格测算

1. 2001～2015 年湖北省碳排放权影子价格测算

根据以上电源结构优化结果测算不同碳配额拍卖比例下的湖北省发电行业总减排成本以及度电减排成本，结果如表 11-19 所示。

表 11-19　2001～2015 年湖北省碳排放权影子价格及变化趋势

年份	碳排放权影子价格/（元/吨）	同比增长率/%
2001	12.40	1.87
2002	12.70	2.42
2003	12.92	1.73
2004	13.62	5.42
2005	14.90	9.40
2006	15.65	5.03
2007	18.19	16.23
2008	18.62	2.36
2009	19.69	5.75
2010	21.86	11.02
2011	16.84	−22.96
2012	11.58	−31.24
2013	10.20	−11.92
2014	9.83	−3.63
2015	10.68	8.65

2. 不同碳配额拍卖比例下 2020 年湖北省影子价格测算

2020 年湖北省劳动力人口（L_t）为 4620.21 万人，采用资本存量-GDP 比值法估算 2020 年湖北省的资本存量（K_t）为 18 072.48 亿元，地区生产总值（Y_t）为 43 443.46 亿元，碳排放量（E_t）为 366.46 兆吨，测得 2020 年湖北省碳排放权影子价格为 13.49 元/吨。

基于上述评估数据进行灰色预测，可以测算得出在 2020 年不同的碳配额拍卖比例下的碳排放权影子价格，见表 11-20。

表 11-20　2020 年湖北省不同碳配额拍卖比例下碳排放权影子价格

碳配额拍卖比例/%	碳排放权影子价格/（元/吨）
0	16.52
1	19.68
2	26.25
3	31.87
4	35.46
5	38.68
6	42.36
7	46.87
8	50.02
9	56.39
10	74.97

11.4.3　不同碳配额拍卖比例下湖北省发电行业的最优电源结构

在碳减排目标和碳排放需求的限制条件下，2020 年不同碳配额拍卖比例下湖北省发电行业最优电源结构如表 11-21 所示。

表 11-21　2020 年不同碳配额拍卖比例下湖北省发电行业最优电源结构（单位：万千瓦）

碳配额拍卖比例/%	火电	水电	太阳能发电	风电	生物质发电
0	3226.45	3586.66	456.24	1140.57	2181.93
1	3218.43	3593.19	457.36	1142.84	2187.27
2	3210.37	3599.73	458.48	1145.11	2192.62
3	3202.31	3606.28	459.61	1147.40	2197.99
4	3194.23	3612.85	460.73	1149.68	2203.36
5	3186.13	4071.19	461.86	1151.96	2208.75
6	3178.02	4079.77	462.98	1154.25	2214.14
7	3169.88	4088.36	464.11	1156.56	2219.55
8	3161.73	4096.97	465.25	1158.86	2224.98
9	3153.57	4105.60	466.39	1161.16	2230.40
10	3145.38	4114.26	467.52	1163.48	2235.85

11.4.4 不同碳配额拍卖比例下湖北省发电行业减排成本预测

表 11-22 展示了 2020 年不同碳配额拍卖比例下湖北省发电行业总减排成本和度电减排成本。

表 11-22　2020 年不同碳配额拍卖比例下湖北省发电行业总减排成本和度电减排成本

碳配额拍卖比例/%	总减排成本/亿元	度电减排成本/（元/（千瓦·时））
1	4.61	0.042
2	9.72	0.065
3	14.36	0.081
4	21.58	0.097
5	28.95	0.106
6	46.85	0.127
7	58.33	0.156
8	73.48	0.185
9	92.65	0.206
10	102.62	0.223

11.5　不同碳配额拍卖比例下重庆市发电行业减排成本的模拟测算

11.5.1　回归系数测算

表 11-23 所示数据，是采用岭回归模型需要输入的原始数据。通过图 11-5 得到合适的岭参数 k 值，代入 11.1.2 节计算碳排放权影子价格的模型，便可预测不同年份、不同碳配额拍卖比例下的碳排放权影子价格。由以下原始数据可知，重庆市地区生产总值从 2001 年的 2014.59 亿元上升到 2015 年的 16040.54 亿元，年均增长率达到 15.97%。重庆市劳动力从 2001 年的 1925.56 万人，增长到了 2015 年的 2130.11 万人，年均增长率达 0.72%。重庆市碳排放从 2001 年的 14.17 兆吨，增长到了 2015 年的 53.64 兆吨，年均增长率达到了 9.98%。重庆市碳排放的年均增长率远高于劳动力的年均增长率，同时又略高于资本存量的年均增长率（9.17%），低于地区生产总值的增长率，这说明重庆市在 2001～2015 年正在朝着绿色低碳发展道路转型，经济增长正在逐步摆脱对高能耗行业的依赖，但仍需进一步落实节能减排各项工作，加快产业结构调整升级步伐。

表 11-23 重庆市岭回归原始数据

年份	地区生产总值（Y_t）/亿元	碳排放（E_t）/兆吨	劳动力（L_t）/万人	资本存量（K_t）/亿元
2001	2 014.59	14.17	1 925.56	1 960.38
2002	2 279.8	15.85	1 922.81	2 136.35
2003	2 615.57	17.90	1 894.40	2 457.62
2004	3 059.54	20.97	1 896.66	2 645.78
2005	3 448.35	25.93	1 913.83	2 961.62
2006	3 900.26	28.05	1 934.71	3 354.87
2007	4 770.72	31.78	1 957.12	3 569.12
2008	5 899.49	33.82	1 973.39	3 795.33
2009	6 651.22	37.11	1 988.72	4 125.62
2010	8 065.26	40.56	2 056.13	4 438.75
2011	10 161.17	45.02	2 085.26	4 926.35
2012	11 595.37	46.88	2 097.34	5 456.38
2013	13 027.60	48.32	2 120.40	5 836.58
2014	14 623.78	49.87	2 126.24	6 235.65
2015	16 040.54	53.64	2 130.11	6 695.86

资料来源：聚汇数据（https://gdp.gotohui.com/data-6）；李阳. 重庆市碳排放量变化的产业因素分析[D]. 重庆：重庆理工大学，2015；《重庆统计年鉴 2016》。

将以上数据导入 SPSS 26.0 进行岭回归分析，得到的岭迹图如图 11-5 所示。该图主要用于分析模型系数变化和收紧程度，图的横坐标表示岭参数 k 的估计区间，

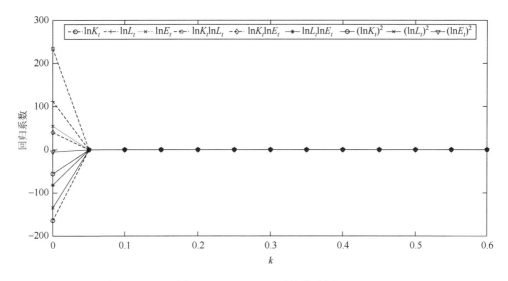

图 11-5 $0 < k < 0.6$ 时的岭迹图

图的纵坐标表示岭回归模型中的系数向量。图中的每条曲线表示一个回归系数随着 k 变化的轨迹。在岭参数为 0~0.1 时，可以看到对应每一个 k 值，9 个自变量各自的系数取值区分起来相对容易，其系数在 −200~250 范围内变化。随着岭参数的增大，自变量系数会收缩并趋于稳定。根据方差扩大因子法可知当 k 取 0.091 时，满足岭参数已经基本稳定的条件。

根据 $k = 0.091$ 时的分析结果，获得

$$\ln Y_t = -21.405 + 0.227\ln K_t + 0.126\ln E_t + 2.101\ln L_t + 0.027\ln K_t\ln L_t + 0.014\ln K_t\ln E_t + 0.017\ln L_t\ln E_t + 0.014(\ln K_t)^2 + 0.139(\ln L_t)^2 + 0.022(\ln E_t)^2$$

方程式变形为

$$P_{E_t} = \frac{Y_t}{E_t} \times (0.126 + 0.014\ln K_t + 0.017\ln L_t + 2 \times 0.022\ln E_t)$$

11.5.2 重庆市碳排放权影子价格测算

1. 2001~2015 年重庆市碳排放权影子价格

从表 11-24 可以看出，重庆市碳排放权影子价格在 2001~2015 年整体上呈递增的趋势。

表 11-24 2001~2015 年重庆市碳排放权影子价格及其变化趋势

年份	碳排放权影子价格/（元/吨）	同比增长率/%
2001	67.87	1.87
2002	69.54	2.46
2003	71.68	3.08
2004	72.74	1.48
2005	67.77	−6.83
2006	71.61	5.67
2007	78.29	9.33
2008	91.63	17.04
2009	95.11	3.80
2010	106.62	12.10
2011	122.44	14.84
2012	134.99	10.25
2013	147.81	9.50
2014	161.46	9.23
2015	165.92	2.76

2. 重庆市 2020 年不同碳配额拍卖比例下预测的影子价格

根据 2020 年重庆市劳动力人口（L_t）为 2150.57 万人，采用资本存量-GDP 比值法估算 2020 年重庆市的资本存量（K_t）为 10 401.25 亿元，地区生产总值（Y_t）为 25 002.79 亿元，碳排放量（E_t）为 175.02 兆吨，测得 2020 年重庆市碳排放权影子价格为 87.60 元/吨。基于上述评估数据进行灰色预测，可以评估测算得出在 2020 年不同的碳配额拍卖比例下的碳排放权影子价格，见表 11-25。

表 11-25　2020 年重庆市不同碳配额拍卖比例下的碳排放权影子价格

碳配额拍卖比例/%	碳排放权影子价格/（元/吨）
0	115.42
1	128.87
2	140.92
3	156.38
4	178.74
5	193.44
6	209.25
7	243.86
8	254.35
9	261.73
10	286.82

11.5.3　不同碳配额拍卖比例下重庆市发电行业的最优电源结构

在碳减排目标和碳排放需求的限制条件下，2020 年不同碳配额拍卖比例下重庆市发电行业最优电源结构如表 11-26 所示。

表 11-26　2020 年不同碳配额拍卖比例下重庆市发电行业最优电源结构　（单位：万千瓦）

碳配额拍卖比例/%	煤电	气电	水电	风电	光伏发电	生物质发电
0	4746.94	4348.99	3504.33	1757.85	598.87	4176.37
1	4739.29	4356.61	3516.87	1765.45	601.80	4196.98
2	4731.71	4364.17	3529.30	1773.00	604.71	4217.42
3	4724.18	4371.67	3541.63	1780.48	607.60	4237.70
4	4716.73	4379.12	3553.87	1787.90	610.47	4257.81

续表

碳配额拍卖比例/%	煤电	气电	水电	风电	光伏发电	生物质发电
5	4709.32	4386.49	3565.99	1795.25	613.30	4277.74
6	4701.99	4393.81	3578.01	1802.55	616.12	4297.52
7	4694.71	4401.07	3589.94	1809.79	618.91	4317.12
8	4687.49	4408.27	3601.78	1816.98	621.68	4336.58
9	4680.32	4415.40	3613.52	1824.09	624.43	4355.87
10	4746.94	4348.99	3504.33	1757.85	598.87	4176.37

11.5.4　不同碳配额拍卖比例下重庆市发电行业减排成本预测

本节对重庆市在不同碳配额拍卖比例下的总减排成本和度电减排成本进行了计算，如表 11-27 所示。

表 11-27　2020 年不同碳配额拍卖比例下重庆市发电行业总减排成本和度电减排成本

碳配额拍卖比例/%	总减排成本/亿元	度电减排成本/（元/（千瓦·时））
1	12.59	0.126
2	14.38	0.142
3	19.65	0.185
4	27.84	0.227
5	38.43	0.264
6	50.26	0.289
7	61.85	0.316
8	78.22	0.331
9	91.48	0.352
10	107.69	0.384

11.6　不同碳配额拍卖比例下广东省发电行业减排成本的模拟测算

广东省作为国内第一个开展有偿配额发放的交易试点，担负着重要的减排责任，广东省是国内第一大碳交易市场。广东省对于全国碳交易市场采纳有偿配额分配机制具有重要的示范效应。随着广东省碳交易市场的逐步成熟，免费碳配额比例逐渐减少，有偿配额的成本将会对发电行业的碳减排成本产生传导效应，增加发电行业的履约成本，对电力企业的经营和整个行业的竞争力都会产生影响。

　　针对广东省发电行业随碳配额拍卖比例逐步增加而造成减排成本增加的问题，开展碳减排成本的系统评估，研究不同碳配额拍卖比例对广东省发电行业减排成本造成的影响，对于政府制定合理的碳减排政策，企业提前做好相应的减排规划具有重要的意义。

11.6.1　回归系数计算

　　表 11-28 所示数据，是采用岭回归模型需要输入的原始数据。通过图 11-6 得到合适的岭参数 k 值，代入 11.1.2 节计算碳排放权影子价格的模型，便可预测不同年份、不同碳配额拍卖比例下的碳排放权影子价格。由以下原始数据可知，广东省地区生产总值从 2001 年的 12039.25 亿元上升到 2016 年的 79512.05 亿元，年均增长率达到 13.41%。广东省劳动力从 2001 年的 0.46 亿人，增加到了 2016 年的 0.65 亿人，年均增长率达 2.33%。广东省碳排放从 2001 年的 2.95 亿吨，增加到了 2016 年的 8.17 亿吨，年均增长率达到了 7.03%。广东省碳排放的年均增长率远高于劳动力的年均增长率，同时又低于资本存量的年均增长率（16.75%）和地区生产总值的年均增长率，这说明广东省在 2001～2016 年新增资本投资可能更多流向了高能耗、高排放的传统制造业和基础设施建设，导致资本存量增速较高，但同时也带来了较大的碳排放增量。

表 11-28　广东省碳排放权影子价格测算的岭回归原始数据

年份	地区生产总值（Y_t）/亿元	资本存量（K_t）/亿元	劳动力（L_t）/亿人	碳排放（E_t）/亿吨
2001	12 039.25	15 850.58	0.46	2.95
2002	13 502.42	18 541.04	0.47	3.17
2003	15 844.64	21 688.17	0.47	3.39
2004	18 864.62	25 369.46	0.49	3.64
2005	22 557.37	28 948.07	0.52	3.64
2006	26 587.76	33 994.34	0.54	4.14
2007	31 777.01	39 949.25	0.55	4.71
2008	36 796.71	46 718.79	0.55	4.70
2009	39 482.56	55 460.77	0.56	5.21
2010	46 013.06	65 681.70	0.64	5.67
2011	53 210.28	77 720.20	0.64	6.02
2012	57 067.92	91 078.29	0.65	6.40

续表

年份	地区生产总值（Y_t）/亿元	资本存量（K_t）/亿元	劳动力（L_t）/亿人	碳排放（E_t）/亿吨
2013	62 474.79	103 756.77	0.66	6.78
2014	67 809.85	120 277.45	0.66	7.16
2015	72 812.55	136 074.71	0.64	7.55
2016	79 512.05	161 846.11	0.65	8.17

利用广东省的历年数据进行岭回归后，在 0～1 范围内确定 k 的最优值。获得岭迹图，如图 11-6 所示，该图主要用于分析模型系数变化和收紧程度，也就是判断岭参数 k 值的选择。图的横坐标表示岭参数 k 的估计区间，需要从中确定最合适的取值，进而确定模型的系数向量。图的纵坐标表示岭回归模型中的系数向量。图中的每条曲线表示一个回归系数随着 k 变化的轨迹。在岭参数为 0～0.01 时，可以看到对应每一个 k 值，9 个自变量各自的系数取值区分起来相对容易，其系数在 −400～700 范围内变化。随着岭参数的增大，自变量系数开始收缩并趋于稳定。

根据方差扩大因子法可知当 k 为 0.06 时，满足岭参数已经基本稳定的条件，由此可确定各自变量的回归系数。获得各年份碳排放权影子价格公式：

$$P_{E_t} = \frac{Y_t}{E_t} \times (0.2060 + 0.0125\ln K_t - 1.0767\ln L_t + 0.0838\ln E_t)$$

将经过岭回归确定的回归系数代入公式中，计算得出广东省历年碳排放权影子价格。

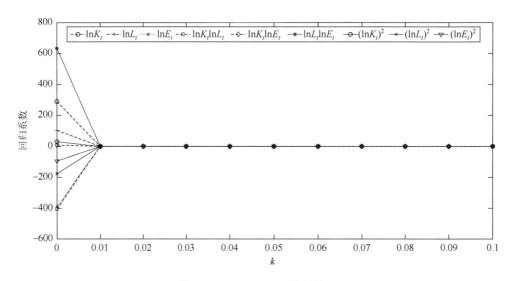

图 11-6　0＜k＜0.1 时的岭迹图

11.6.2　广东省碳排放权影子价格测算

经过测算，2001～2016 年广东省碳排放权影子价格如表 11-29 所示，可以看出广东省碳排放权影子价格在 2001～2016 年间整体上呈递增趋势。

表 11-29　2001～2016 年广东省碳排放权影子价格及其变化趋势

年份	碳排放权影子价格/（元/吨）	同比增长率/%
2001	67.26	2.93
2002	69.40	3.18
2003	75.69	9.06
2004	82.84	9.45
2005	94.27	13.80
2006	96.98	2.87
2007	101.49	4.65
2008	116.75	15.04
2009	112.85	−3.34
2010	110.28	−2.28
2011	120.28	9.07
2012	121.12	0.70
2013	126.12	4.13
2014	128.39	1.80
2015	131.20	2.19
2016	134.32	2.38

根据在 2001～2016 年的碳排放权影子价格，估测得到广东省 2020 年的地区生产总值为 108 218.3 亿元，碳排放量为 9.31 亿吨，资本存量为 302 020.76 亿元，劳动力人口为 6688 万人，预测得到 2020 年广东省碳排放权影子价格的结果。由于 2013 年广东省电力企业的碳配额拍卖比例为 3%，2016 年碳配额拍卖比例已上涨为 5%，所以碳配额拍卖比例从 5%开始进行计算。如表 11-30 所示，随着碳配额拍卖比例的增大，碳排放权影子价格也逐渐增长。

表 11-30　2020 年不同碳配额拍卖比例下广东省碳排放权影子价格

碳配额拍卖比例/%	碳排放权影子价格/（元/吨）
5	168.62
6	170.31
7	172.03

碳配额拍卖比例/%	碳排放权影子价格/（元/吨）
8	173.78
9	175.58
10	177.41
11	179.28
12	181.19
13	183.15
14	185.14
15	187.19

11.6.3 不同碳配额拍卖比例下广东省发电行业的最优电源结构

在碳减排目标和碳排放需求的限制条件下，2020 年广东省的发电行业最优电源结构如表 11-31 所示。从图 11-7 可以看出，当碳配额拍卖比例为 5%时，广东省的火力发电量占比最大，其次是核能发电量和水力发电量，生物质能发电量占比最小。

表 11-31　2020 年广东省不同碳配额拍卖比例下发电行业的最优电源结构（单位：万千瓦）

碳配额拍卖比例/%	火电	水电	风电	核能发电	太阳能发电	生物质发电
5	399 482.90	88 373.93	47 265.51	97 406.19	30 561.75	6 909.71
6	399 386.60	88 400.01	47 284.60	97 439.22	30 577.05	6 912.52
7	399 288.66	88 426.53	47 304.00	97 472.81	30 592.61	6 915.37
8	399 189.10	88 453.50	47 323.73	97 506.96	30 608.43	6 918.28
9	399 086.77	88 481.21	47 344.01	97 542.06	30 624.69	6 921.26
10	398 982.82	88 509.37	47 364.60	97 577.71	30 641.21	6 924.29
11	398 876.70	88 538.11	47 385.63	97 614.11	30 658.07	6 927.38
12	398 768.39	88 567.44	47 407.09	97 651.25	30 675.28	6 930.54
13	398 657.35	88 597.51	47 429.10	97 689.34	30 692.92	6 933.78
14	398 544.71	88 628.02	47 451.42	97 727.97	30 710.82	6 937.06
15	398 428.79	88 659.42	47 474.39	97 767.73	30 729.24	6 940.44

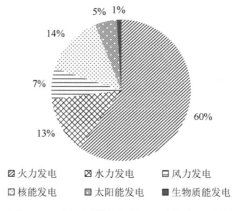

5% 1%

14%

7%

13%

60%

☒ 火力发电　　☒ 水力发电　　☐ 风力发电

☐ 核能发电　　☒ 太阳能发电　　■ 生物质能发电

图 11-7　碳配额拍卖比例 5%时的电源结构

11.6.4　不同碳配额拍卖比例下广东省发电行业减排成本预测

本节对广东省在不同碳配额拍卖比例下进行了总减排成本和度电减排成本计算，结果如表 11-32 所示。

表 11-32　2020 年不同碳配额拍卖比例下广东省发电行业的总减排成本和度电减排成本

碳配额拍卖比例/%	总减排成本/亿元	度电减排成本/（元/（千瓦·时））
5	571.3	0.1688
6	576.88	0.1705
7	582.59	0.1721
8	588.36	0.1740
9	594.33	0.1757
10	600.38	0.1775
11	605.99	0.1795
12	611.81	0.1814
13	617.62	0.1833
14	623.44	0.1853
15	629.25	0.1874

第12章　中国碳配额拍卖阶梯式发展模式研究

国家发展改革委于 2010 年、2011 年相继发布了《关于开展低碳省区和低碳城市试点工作》《关于开展碳排放权交易试点工作的通知》，确定在广东、辽宁、湖北、陕西、云南五省和天津、重庆、深圳、厦门、杭州、南昌、贵阳、保定八市开展试点工作。2013～2014 年期间，中国碳交易试点相继启动。截至 2014 年 8 月底，全国七个碳交易试点省市纷纷开启碳排放权交易，试点的相继启动是我国逐步形成全国性碳交易市场的起点。

在各试点地区碳交易市场发展的同时，2017 年 12 月国家发展改革委发布《全国碳排放权交易市场建设方案（发电行业）》，标志着全国碳市场正式启动。在吸取了各试点地区碳市场建设经验的情况下，全国碳市场在 2018 年完成了一系列的基础建设工作，包括相关的数据报送、注册登记系统以及交易系统的建设。

全国碳市场的发展是中国未来碳市场建设中的重点工作。截至 2019 年，各碳排放权交易试点根据当地的经济发展情况以及碳排放情况开展了大量的市场建设工作，在这期间，各试点地区在完善碳市场交易的规章制度、测算碳排放量的技术、统计各企业的碳排放量数据等方面做出了大量的创新性尝试。与此同时，中国各地区的碳交易市场也在有序运行、蓬勃发展。截至 2019 年 5 月底，全国各碳交易试点地区累计成交 3.1 亿吨二氧化碳，累计成交额达到了 68 亿元，显示了各试点地区的碳市场发展呈现出良好的态势。2019 年，各碳排放权交易试点的碳市场模拟运行，检验了市场运行的可行性，在 2020 年根据模拟运行的数据统计，进一步完善相关市场建设。

纵观目前的碳市场发展历程，中国的碳市场建设是在目的性、方向性、强制性以及科学性的指引下与国家政策相互配合成长起来的。我国碳交易试点地区的选取，充分考虑了我国各个地区经济发展不平衡、基础条件差异较大、产业结构和人口结构不同等特点。每个碳市场试点地区代表了其他具有类似特征的一些城市和区域，因此，碳市场试点地区的碳市场建设工作，如碳市场政策、碳市场交易模式、碳减排措施等方面对于一定类型的城市或地区具有典型意义。充分地开展对于碳交易试点地区的研究，认真总结各个试点地区碳市场建设过程中成功的经验，分析碳市场建设过程中存在的相关问题，提出提升和改善的政策，对于我国其他地区针对各自的情况对标开展碳市场建设，形成全国统一的碳市场并逐步让我国碳市场走上健康发展的道路，具有十分重要的启示和借鉴作用。

12.1　不同碳配额拍卖比例下碳交易试点地区发电减排成本研究

碳交易市场是通过控制各企业的总排放量以及运用碳交易价格机制形成的市场体系，来推动纳入的企业优化转型从而实现碳排放量的下降。目前，碳交易市场的主要作用反映在两个方面：一方面是能够推动当地进行节能减排的市场活动；另一方面是能够通过市场来调节各地区的减排成本。通过对各试点地区的碳配额拍卖比例对该地区的发电行业总减排成本和边际减排成本的影响进行分析，了解不同碳配额拍卖比例对于发电行业造成的影响程度，从而有针对性、有步骤、有计划地开展碳交易的拍卖工作，将碳交易对发电行业造成的影响置于可控的范围之内，同时兼顾通过碳交易市场来实现碳减排的目的。

本书先后对北京、天津、上海、湖北、重庆、广东六个试点地区进行不同碳配额拍卖比例对发电行业碳减排成本的影响传导效应模拟研究。在研究中发现以下几点。

（1）配额拍卖将会对我国发电行业造成较高的减排成本和压力。本书测算了1%~10%的碳配额拍卖比例下[①]，对于不同试点地区发电行业减排总成本和度电减排成本的传导效应。结果显示，配额拍卖对于我国发电行业整体会造成影响。即使碳配额拍卖比例为1%的情况下，配额拍卖仍然会对我国发电行业造成较高的减排成本和压力，总减排成本达到45.44亿元。当碳配额拍卖比例达到5%时，其总减排成本达到了174.883亿元。

（2）由于各个试点地区的基础条件不同，即使同一碳配额拍卖比例下，对不同试点地区发电行业的减排成本的影响也不同。不同碳配额拍卖比例对于碳交易试点地区发电行业减排成本造成了不同程度的影响和负担。从各试点的发电行业减排成本对比和度电减排成本对比（表12-1和表12-2）中可以看出，当碳配额拍卖比例为1%时，重庆市、天津市、湖北省、北京市和上海市的减排成本分别为12.59亿元、5.62亿元、4.61亿元、14.36亿元、8.26亿元，呈现出较大的差异。当碳配额拍卖比例达到5%的情况下，广东省总减排成本达到5.713亿元。

表 12-1　2020 年不同碳配额拍卖比例下试点地区发电行业总减排成本（单位：亿元）

碳配额拍卖比例/%	重庆	天津	湖北	北京	上海	广东
1	12.59	5.62	4.61	14.36	8.26	—
2	14.38	9.33	9.72	17.28	14.33	—
3	19.65	13.46	14.36	25.61	20.81	—

① 广东省的测算是按照5%~15%的碳配额拍卖比例进行的。

续表

碳配额拍卖比例 /%	重庆	天津	湖北	北京	上海	广东
4	27.84	17.85	21.58	32.87	26.45	—
5	38.43	26.45	28.95	41.22	34.12	5.713
6	50.26	38.26	46.85	56.38	44.29	5.7688
7	61.85	51.47	58.33	76.54	54.38	5.8259
8	78.22	62.84	73.48	96.31	62.15	5.8836
9	91.48	80.36	92.65	112.55	70.68	5.9433
10	107.69	105.38	102.62	135.8	86.69	6.0038

表 12-2　2020 年不同碳配额拍卖比例下试点地区度电减排成本（单位：元/（千瓦·时））

碳配额拍卖比例 /%	重庆	天津	湖北	北京	上海	广东
1	0.126	0.057	0.042	0.078	0.074	—
2	0.142	0.086	0.065	0.096	0.091	—
3	0.185	0.098	0.081	0.108	0.114	—
4	0.227	0.106	0.097	0.138	0.168	—
5	0.264	0.145	0.106	0.153	0.192	0.1688
6	0.289	0.196	0.127	0.164	0.228	0.1705
7	0.316	0.203	0.156	0.186	0.265	0.1721
8	0.331	0.244	0.185	0.202	0.286	0.1740
9	0.352	0.275	0.206	0.238	0.318	0.1757
10	0.384	0.302	0.223	0.274	0.346	0.1775

（3）不同试点地区发电行业的减排总成本和度电减排成本均随着碳配额拍卖比例的增加而呈现增长的趋势。当碳配额拍卖比例仅仅从 1%提升到 2%时，各试点地区的成本具有不同程度的增长。

12.2　我国碳交易试点地区市场成熟度分析

市场成熟度是综合考虑市场发育程度的重要指标，是一个相对概念。事实上绝对成熟的市场只在理论上存在，市场存在固有缺陷，需要不断地改进和完善。关于碳交易市场成熟度的分析只能客观地从政策制度建设、法律法规、政府监管、市场运行时间、信息披露、交易机制、公司参与度分配机制等方面展开。

　　实施配额拍卖制度会对我国发电行业整体产生影响，通过分析我国碳排放试点地区的碳交易市场成熟度，可以为我国碳交易市场分阶段、分层次发展提出相应的总体政策建议，并为全国碳交易市场推进拍卖实践提供科学的理论支撑。

　　2011 年，我国确立了七个国内碳排放权交易试点，分别为北京、天津、上海、重庆、广东、湖北、深圳。在 2012～2013 年间，除重庆外的六个试点地区分别开启了各自碳交易市场的建立工作，并完成了交易试点的启动工作。其后，重庆也于 2014 年上半年启动了碳交易市场。这七个碳交易市场试点地区横跨了中国东、中、西部地区，并且试点地区存在着明显的经济差距，在各自的制度设计上同样有所区别。碳交易市场建立后，试点地区的建设状况、政策制度、市场监管以及交易活跃度和价格波动性等市场表现都有所不同，反映出了不同的碳交易市场的成熟度。

12.2.1　市场成熟度各维度分析

1. 试点地区碳交易市场温室气体排放覆盖率

　　总体来看，试点地区的区域碳交易市场已成为该地区的重要减排手段。从图 12-1 可以看出，至 2020 年，我国各试点碳交易市场已覆盖各区域内 20%～40% 的温室气体排放量。同时，我国不同试点地区的温室气体排放的覆盖率也存在一定的差异。其中，北京、上海两地实现了较高的覆盖率，接近 40%。天津为 33%，广东的覆盖率为 27%，重庆为 21%。

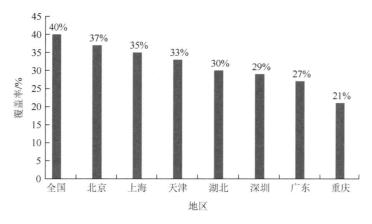

图 12-1　碳交易市场试点覆盖率

资料来源：世界银行的数据

此外，有数据显示，各试点地区履约情况良好，履约率（期末能够足额上缴碳配额企业占总控排企业比例）均在 100% 左右，碳交易市场已成为各区域内重要的减排手段。

此外，根据 2021 年的最终核算结果，全国碳交易市场覆盖约 45 亿吨碳排放，推测占我国全部碳排放量的 40% 左右。截至 2021 年 12 月 31 日，全国碳交易市场成交量达 1.79 亿吨，占中国碳交易市场累计成交量的 31.90%。

2. 重点行业覆盖程度

我国碳交易试点市场准入范围的制定方面虽然存在差异，但均覆盖了部分高能耗、高排放的行业，如电力、钢铁、化工等。天津市场还将服务业以及大型公共建筑业纳入了控排范围。

从覆盖范围来看，广东省领先其他试点地区，并且设置了较低的市场门槛，这使广东省的很多企业被纳入碳交易市场的范围；北京、天津、上海与深圳作为中国经济发展的前沿阵地，市场准入门槛也较低。深圳与上海对工业与非工业企业有着明确的门槛界限；湖北省的市场准入门槛高于其他试点，使其能纳入范围的企业数量有限。重庆碳排放权交易市场是西部地区唯一的碳交易市场，覆盖了全部 7 种国家规定管控的温室气体，是试点碳交易市场中唯一管控 7 种主要温室气体的地区。和其他试点碳交易市场相比，重庆缺少配额现货远期产品和林业碳汇、节能项目减排量这些可供交易的品种，交易方式较为单一。

3. 政策制定

碳交易试点建立初期，进行市场规则以及相关法律法规的制定是其主要任务。2013 年，北京、天津、上海、重庆、深圳以及广东的碳交易试点陆续建立了碳交易市场，并分别出台了适合各自地区的法律法规以及政府相关的规章制度，对控制减排目标、质量监测等多方面加以规定，促进碳交易市场的有效发挥。其中，北京、重庆与深圳这三个试点地区市人大立法颁布相关政策，其他试点均采用碳交易管理办法作为主要政策。

北京地区采用"$1+1+N$"的政策形式，即一个人大立法、一个地方政府规章和多个配套政策文件与技术支撑文件的形式。由于北京有地方立法，所以强有力的法律约束也为北京地区碳交易市场的发展建设提供了更好的保障。

天津市为了深化本市碳排放权交易试点建设，一方面在确保碳排放数据的准确性和透明度上施策，另一方面在财政政策上获得了有力支持。天津市财政局出台了《天津市财政支持做好碳达峰碳中和工作的实施意见》，旨在探索开展碳排放权交易工作，并稳妥推进碳排放权有偿分配机制的实施，同时，该文件对达到行业能效标杆水平的企业免予考核能源消费总量指标，加大了财政政策支持力度。

上海与北京类似，在碳交易市场政策制定中，同样采用的是"1＋1＋N"的形式。"1＋1＋N"形式是指一个政府规章、一个规范性文件和多个管理文件，其法律约束力要弱于北京。

湖北省碳交易市场是我国中部地区的唯一试点，于 2014 年 4 月 2 日正式启动。湖北省为了保证碳交易市场的正常运行，在 2013 年 2 月制定了《湖北省碳排放权交易试点工作实施方案》，该方案提出了湖北省碳交易市场建设的一系列工作安排。截至 2018 年，湖北省在碳交易市场建设的各个方面都出台了相关政策，不断完善碳交易市场建设的政策法律，为湖北省的碳交易市场发展提供了保障。

重庆市碳交易市场是我国西部地区最早建立的碳交易试点。该碳交易市场于 2014 年 6 月 19 日正式启动。重庆市为了保证碳交易市场的顺利运行，建立了"1＋3＋6"的政策体系。从重庆市政府颁布的管理暂行办法，再到市场建设以及交易主体各个细节有关的政策发布。"1＋3＋6"的政策体系很好地规定了重庆市碳交易市场的交易体系以及运行流程，为重庆市碳交易市场的发展打下了坚实的基础。

在政策方面，广东省制定了一系列相关政策，为碳交易市场的发展提供了保障。在交易体系的构建中，广东省于 2017 年 4 月发布了《关于碳普惠制核证减排量管理的暂行办法》，将碳普惠核证自愿减排量纳入了市场机制中，这是近几年碳交易市场机制创新的重要成果。

4. 市场活跃程度

各试点碳交易市场的配额交易量以及成交总额等均呈现逐渐上升趋势。2019年，七个试点碳交易市场共分配配额 12.96 亿吨；总交易量达到 2187.08 万吨，交易额约为 7.74 亿元；整体的成交均价为 35.39 元/吨。随着碳交易市场发展至今，各试点市场已经具备相对成熟的机制，其市场活跃度也有了一定程度的发展。以北京、上海两市为例，从 2019 年试点地区的成交均价可以看出，北京地区的成交均价最高，达到了 84.82 元/吨；上海紧随其后，为 41.87 元/吨，如表 12-3 所示。

表 12-3　2019 年度碳交易市场的配额分配与线上交易情况

地区	配额分配量/亿吨	总交易量/万吨	总交易额/万元	平均成交价/（元/吨）
北京	0.45	301.37	25 563.38	84.82
天津	1.5	4.34	54.52	12.56
上海	2.5	268.33	11 233.82	41.87
湖北	2.4	302.56	12 517.74	41.37
广东	4.65	1 220.71	26 774.78	21.93
深圳	0.29	78.49	1 194.79	15.22
重庆	1.17	11.28	58.84	5.22

从北京市碳交易市场近几年的交易情况来看，市场的活跃度、交易制度趋于稳定。《北京碳市场年度报告 2018》中提到，目前市场的交易主要是由履约机构与非履约机构来完成的，其交易笔数占总笔数的 80.82%，其次是非履约机构与非履约机构间的交易。因此，目前在市场参与者中，非履约机构的活跃度是远大于履约机构的。在市场的稳定发展下，北京市碳交易市场的成交情况也处于稳中向好的状态。

从市场表现来看，湖北省碳交易市场开启后，交易首日成交量与成交额就位于国内第一。深圳、广东、上海与北京的线上交易量都很可观；天津的交易量最低；重庆市的整体表现不尽如人意，需要在市场建设完善后，积极进行交易活动，提升碳交易市场交易量。

如图 12-2 所示，湖北省作为中国的碳交易大省，碳交易市场活跃度最高。自湖北碳排放权交易市场 2014 年 4 月开市以来，截至 2018 年底已累计成交量 3.3 亿吨，占各试点碳交易市场总和的 42.5%；累计成交金额 73.2 亿元。广东试点在自己的 5 个履约期内，后四年的履约率均达到 100%，与其他试点地区相比，广东省的信息透明度工作做得更好，数据收集能力更强。

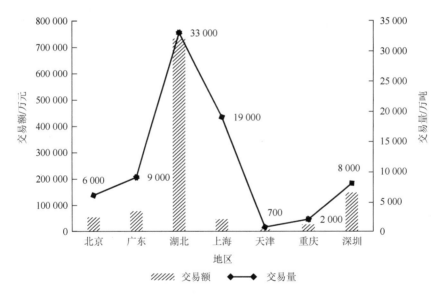

图 12-2　各个试点碳交易市场的配额线上交易情况

资料来源：前瞻产业研究院. 2018 年中国碳排放交易市场现状及发展前景分析 未来市场空间超 10 倍[EB/OL].
[2018-12-29]. http://www.tanjiaoyi.com/article-25521-1.html.

5. 交易产品种类

最初碳交易市场的交易形式主要是配额现货。各试点初期大多数采用免费的配额分配来提高市场活跃度，随着碳交易市场的发展，各试点市场形成了以配额现货交易与 CCER 为主要品种的交易模式。从 2014 年起，大部分试点地区开始进行金融衍生品方面的探索，并先后推出了 20 种碳金融产品。随着碳交易市场的发展，金融衍生品也逐渐地运用在市场中，其中 CCER 现货交易是各试点地区都在尝试与发展的主要衍生品。目前，中国 CCER 项目处于快速发展中，主要以风电、光伏发电、水电、生物质发电等可再生能源类项目居多。

从北京市碳交易市场金融衍生品的发展来看，2018 年，北京地区共成交 CCER 项目 30 个，成交量 1 645 973 吨，成交额 9 143 784.82 元。CCER 项目的交易机制、流程以及相关规定处于日趋成熟的阶段。

《上海碳市场报告 2018》中提到，在碳交易市场的交易活动中，投资机构依然是较活跃的交易主体，其现货交易量达到了总交易量的 82.42%。从 2018 年的交易情况来看，上海碳配额成交量累计 1757.24 万吨，成交额累计 1.96 亿元，其中 CCER 成交量为 118 301 万吨，保持在全国第一。上海市场的 CCER 成交量一直处于全国领先地位，其发展主要受益于上海市碳交易市场灵活的转让协议，这也是上海市碳交易市场创新的产物之一。目前，上海市碳交易市场在稳定发展的同时不断对各种金融衍生品进行探索与试验，良好的经济发展也推动了上海市碳交易市场的进步。

12.2.2　试点地区碳市场成熟度

广东省作为中国经济发展的前沿阵地，碳交易市场的建设处于全国领先地位。广东省碳交易市场的发展已经相当成熟，并且目前取得的成就也处于全国领先地位。广东省碳交易市场从结构上来看是全国碳市场的缩影，广东省碳交易市场的成功验证了中国建设全国碳交易市场的可能性。

北京市碳交易市场的发展在全国处于领先水平，拥有良好的政策支撑和较为活跃的市场及趋于成熟的市场机制。

上海作为沿海地区的代表城市，经济发展迅速，能源消耗量高，碳交易市场交易活跃，再加上政策的支持与保护，因此碳交易市场的发展较为顺利。上海市碳交易市场的运营实践，为评估碳交易市场在经济发达的东部沿海地区推广应用的可行性奠定了基础。

湖北作为中部地区建立的碳交易试点，其发展经验可以为在中国中西部地区建立碳交易市场提供参考。

重庆市碳交易市场作为西部地区建立的碳交易试点，发展仍不够成熟。

天津市碳交易市场起步较早，但是总体来看，碳交易市场活跃度不足。

综上，市场发育成熟度最高的地区为深圳，其次是北京、上海和广东，天津和湖北位列第三位，重庆市碳交易市场发育成熟度较低。

12.3　区域碳配额比例的阶梯式发展模式

我国试点地区横跨中国东、中、西部，既有碳排放量低、以第三产业为主的城市，又包括了高能源消耗的经济发达地区。且各试点之间的经济水平、能源结构以及产业发展均存在较大的差异，因而碳配额拍卖的推行要充分考虑各地区碳交易市场的成熟度、减排成本、市场资源情况等方面的差异，因地制宜地针对不同地区采取不同的实施方案，有序推进，对于我国碳交易市场健康发展具有重要意义。

综合考虑上述各试点地区在不同碳配额拍卖比例情况下的边际减排成本、碳交易市场发育成熟度和各个试点地区的减排潜力，形成了碳配额拍卖比例的五个梯度的发展模式，如图 12-3 所示。

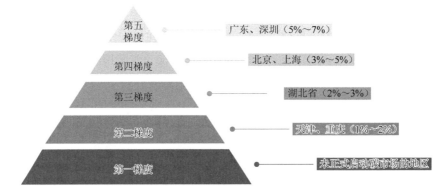

图 12-3　碳配额拍卖的区域阶梯式发展模型

阶梯式发展模型，设计碳配额拍卖比例梯度建议如下。

第一梯度：适合尚未正式启动碳排放权交易的各省区市，建立碳交易市场、开展碳交易，逐步引导产业进行转型升级，兼顾发展和产业及能源结构优化。

第二梯度：天津和重庆为代表性试点地区。应逐步引入较低比例的有偿配额以激发该地区整体碳交易的活力。该梯度碳配额拍卖比例的设置建议为 1%～2%。

第三梯度：湖北省作为代表性试点地区。碳交易市场运行表现良好，覆盖的碳排放范围较广，且碳交易产品创新力度大，但其省内经济发展水平差异较大、产业结构调整尚未完全到位，不应分配过高的有偿配额，使其负担过重。碳配额拍卖比例建议为 2%～3%。

第四梯度：北京、上海。经济发展具有较高水平，能负担相对较高的减排成本，且对周边省市的节能减排有辐射作用；但该梯度地区的能源结构优化空间有限，碳减排量在现阶段难以有大幅度的提升。该梯度的碳配额拍卖比例建议设置为3%～5%。

第五梯度：广东、深圳地区，碳配额拍卖比例最高，建议设置为 5%～7%。广东省经济发展主要以第三产业为主，2018 年第三产业对地区生产总值增长的贡献率为 58.9%，且能源结构相对较优，适度提高碳配额拍卖比例对其经济发展的影响不大，有能力负担有偿配额拍卖带来的成本增加。引入较高的有偿配额比例是为了使该地区成为全国节能减排的"排头兵"，在高标准、严要求下进一步探索发展模式，同时做好拉动示范作用。深圳已有碳配额有偿竞价发放的实践，如 2021 年配额有偿竞价发放总量约 58 万吨，竞买底价为 29.64 元/吨，共 123 家机构参与竞价。另外深圳市碳交易市场配额流转率居全国试点城市首位，这显示了深圳在碳交易市场建设和管理方面的领先地位和成功经验，将为未来引入更高比例的碳配额拍卖提供实践基础。

通过碳交易试点地区不同碳配额拍卖比例下火力发电边际减排成本对比研究后发现，碳交易市场的阶梯式发展特点在本质上是将经济发展水平与发展类型相似的地区划分为一个区域，并为同一区域的地区制定合理的配额分配。经济发展较快的城市应该多承担减排义务，以带动经济发展相对落后地区的发展；对于碳排放量低的试点城市，要充分发挥其带头作用，在承担了自身的节能减排任务以及经济正常发展的前提下，能够分担试点区域的其他城市的减排负担。

制定分区域、分阶段碳排放配额比例的阶梯式发展模式，有利于更好地发挥各个试点地区碳交易市场的效能，带动当地经济与社会的协调发展和良性发展。

参 考 文 献

高旻，付海. 2014. 重庆市低碳经济发展状况及路径研究[J]. 中国市场，（42）：156-157.

江银村，孙梦恬，欧阳慈韵，等. 2016. 广东省碳排放权交易市场发展现状及问题研究[J]. 安徽农业科学，44（16）：222-226.

姜晓川. 2012. 我国碳排放权初始分配制度研究：以分配方式为中心[D]. 南昌：江西财经大学.

刘琛，宋尧. 2019. 中国碳排放权交易市场建设现状与建议[J]. 国际石油经济，27（4）：47-53.

苗越虹. 2019. 非免费碳配额下广东省碳减排成本优化体系研究[D]. 北京：华北电力大学.

倪前龙. 2014. 上海市碳排放交易体系特点及简介[J]. 上海节能，（7）：2-4.

苏颖，廖振良，朱小龙. 2017. 碳交易总量控制视角下的上海碳排放现状研究[J]. 能源环境保护，31（5）：55-60.

孙振清，张喃，贾旭，等. 2014. 中国区域碳排放权配额分配机制研究[J]. 环境保护，42（1）：44-46.

王科，刘永艳. 2020. 2020 年中国碳市场回顾与展望[J]. 北京理工大学学报（社会科学版），22（2）：10-19.

吴倩. 2014. 不确定性条件下的区域碳捕集与封存系统优化研究[D]. 北京：华北电力大学.

叶斌. 2013. 基于资源优化配置的我国电力行业碳减排成本研究：以深圳市为例[D]. 哈尔滨：哈尔滨工业大学.

易兰，李朝鹏. 2016. 全国碳市场建立背景下湖北碳市场的经验分析与总结[C]//2016 中国环境科学学会学术年会论文集（第一卷），海口：530-535.

袁溥，李宽强. 2011. 碳排放交易制度下我国初始排放权分配方式研究[J]. 国际经贸探索，27（3）：78-82.

曾刚，万志宏. 2009. 国际碳交易市场：机制、现状与前景[J]. 中国金融，（24）：3.

张颖，王灿，王克，等. 2007. 基于 LEAP 的中国电力行业 CO_2 排放情景分析[J]. 清华大学学报：自然科学版，47（3）：365-368.

Ahn J. 2014. Assessment of initial emission allowance allocation methods in the Korean electricity market[J]. Energy Economics，43：244-255.

Botelho A，Fernandes E，Pinto L C. 2011. An experimental analysis of grandfathering versus dynamic auctioning in the EU ETS[M]//Experiments on Energy，the Environment，and Sustainability. Emerald Group Publishing Limited，14：37-76.

Burtraw D，Kahn D，Palmer K. 2006. CO_2 allowance allocation in the regional greenhouse gas initiative and the effect on electricity investors[J]. The Electricity Journal，19（2）：79-90.

Burtraw D，Palmer K，Bharvirkar R，et al. 2001.The effect of allowance allocation on the cost of carbon emission trading[J]. General Information，38（9）：100-113.

Chappin E J L, Dijkema G P J. 2009. On the impact of CO_2 emission-trading on power generation emissions[J]. Technological Forecasting and Social Change, 76 (3): 358-370.

Chen Y N, Lin S. 2015. Decomposition and allocation of energy-related carbon dioxide emission allowance over provinces of China[J]. Natural Hazards, 76 (3): 1893-1909.

Cong R G, Wei Y M. 2012. Experimental comparison of impact of auction format on carbon allowance market[J]. Renewable and Sustainable Energy Reviews, 16 (6): 4148-4156.

Considine T J, Larson D F. 2009.Substitution and technological change under carbon cap and trade: Lessons from Europe [J]. Policy Research Working Paper, (4): 843-853.

Dales J H. 1968. Land, water, and ownership[J]. The Canadian Journal of Economics, 1(4): 791-804.

Fischer C, Morgenstern R D. 2006. Carbon abatement costs: Why the wide range of estimates?[J]. The Energy Journal, 27 (2): 73-86.

Hepburn C, Grubb M, Neuhoff K, et al. 2006. Auctioning of EU ETS phase II allowances: How and why?[J]. Climate Policy, 6 (1): 137-160.

Hoerl A E, Kennard R W. 1970. Ridge regression: Biased estimation for nonorthogonal problems[J]. Technometrics, 12 (1): 55-67.

Hoerl A E, Kannard R W, Baldwin K F. 1975. Ridge regression: Some simulations[J]. Communications in Statistics-Theory and Methods, 4 (2): 105-123.

Islas J, Grande G. 2008. Abatement costs of SO_2- control options in the Mexican electric-power sector[J]. Applied Energy, 85 (2/3): 80-94.

Johnson E P. 2014. The cost of carbon dioxide abatement from state renewable portfolio standards[J]. Resource and Energy Economics, 36 (2): 332-350.

Kesicki F A. 2010. Marginal abatement cost curves for policy making–expert-based vs. model-derived curves[C]//Proceedings of the 33rd IAEE International Conference, Rio de Janeiro: 1-8.

Kesicki F A. 2012. Decomposing long-run carbon abatement cost curves-robustness and uncertainty[D]. London: University College London.

Kirat D, Ahamada I. 2011. The impact of the European Union emission trading scheme on the electricity-generation sector[J]. Energy Economics, 33 (5): 995-1003.

Kwon O S, Yun W C. 1999. Estimation of the marginal abatement costs of airborne pollutants in Korea's power generation sector[J]. Energy Economics, 21 (6): 547-560.

Lin B Q, Jiang Z J, Zhang P.2011. Allocation of sulphur dioxide allowance–An analysis based on a survey of power plants in Fujian Province in China[J]. Energy, 36 (5): 3120-3129.

Möst D, Genoese M, Eßer-Frey A, et al. 2011.Design of emission allocation plans and their effects on production and investment planning in the electricity sector[J]. Emissions Trading: 71-84.

Nanduri V, Otieno W. 2011. Assessing the impact of different auction-based CO_2 allowance allocation mechanisms[C]//2011 IEEE Power and Energy Society General Meeting, Detroit: 1-7.

Neuhoff K, Martinez K K, Sato M. 2006. Allocation, incentives and distortions: The impact of EU ETS emissions allowance allocations to the electricity sector[J]. Climate Policy, 6 (1): 73-91.

Park H, Lim J. 2009. Valuation of marginal CO_2 abatement options for electric power plants in

Korea[J]. Energy Policy，37（5）：1834-1841.

Point Carbon Advisory Services. 2008. EU ETS Phase II -The Potential and Scale of Windfall Profits in the Power Sector，A Report for WWF by Point Carbon Advisory Services[R] .Oslo: Point Carbon.

Reinaud J. 2004.Emissions trading and its possible impacts on investment decisions in the power sector [J]. Oil Gas & Energy Law Journal，2（1）：465-473

Saysel A K，Hekimoğlu M. 2013. Exploring the options for carbon dioxide mitigation in Turkish electric power industry：System dynamics approach[J]. Energy Policy，60：675-686.

Shobe W，Palmer K，Myers E，et al.2010. An experimental analysis of auctioning emission allowances under a loose cap[J]. Agricultural and Resource Economics Review，39（2）：162-175.

Soloveitchik D，Ben-Aderet N，Grinman M，et al. 2002. Multiobjective optimization and marginal pollution abatement cost in the electricity sector-An Israeli case study[J]. European Journal of Operational Research，140（3）：571-583.

Tolis A I，Rentizelas A A. 2011. An impact assessment of electricity and emission allowances pricing in optimised expansion planning of power sector portfolios[J]. Applied Energy，88（11）：3791-3806.

Vinod H D. 1978. A survey of ridge regression and related techniques for improvements over ordinary least squares[J]. The Review of Economics and Statistics：121-131.

West J. 2012. Construction of the marginal abatement cost curve：Retrofitting carbon capture and storage in Australia[J]. Australian Journal of Mechanical Engineering，9（2）：133-146.

Yu X T，Zhu Y H，Lv G M. 2020. Analysis of the impact of China's GDP data revision on monetary policy from the perspective of uncertainty[J]. Emerging Markets Finance and Trade，56（6）：1251-1274.

Zachmann G，Von Hirschhausen C. 2008. First evidence of asymmetric cost pass-through of EU emissions allowances：Examining wholesale electricity prices in Germany[J]. Economics Letters，99（3）：465-469.

Zhao E，Chen J，Lan J，et al. 2024. Power generation mix optimization under auction mechanism for carbon emission rights[J]. Energies，17（3）：617.

Zhou X，Dong Z Y，Liebman A，et al. 2008. Potential impact of emission trading schemes on the Australian National Electricity Market[C]//2008 IEEE Power and Energy Society General Meeting-Conversion and Delivery of Electrical Energy in the 21st Century，Pittsburgh：1-8.